Zwerg- und Goldhamster

Michael Mettler

Zwerg- und Goldhamster

Auswahl · Haltung · Ernährung

FALKEN

Inhaltsverzeichnis

Das Wichtigste auf einen Blick

Vorwort

Der Goldhamster ist eines unserer populärsten Heimtiere und zählt zusammen mit Meerschweinchen und Kaninchen zu den „klassischen Drei" der „Streicheltiere". Sein bärchenartiges Aussehen und der liebenswerte Kontrast zwischen hektischer Betriebsamkeit einerseits und Schlafmützigkeit andererseits haben ihm vom Beginn seiner Heimtierkarriere an einen festen Platz im Herzen vor allem der Großstadtmenschen gesichert – und das, obwohl er eigentlich das einzelgängerischste unserer Heimtiere ist, viel mehr noch als die dafür bekanntere Katze.

Goldhamster machen weniger Arbeit und brauchen weniger Platz als Kaninchen und Meerschweinchen, und kein Vermieter darf die Haltung verbieten. Für viele Kinder ist der eigene Hamster das erste hautnah erlebte Tier, und für sie ist es oft ein eindrucksvoller und nicht unwichtiger Lerneffekt, daß ein falsch angefaßter oder zur Unzeit geweckter Hamster (anders als die bisher kennengelernten Plüschtiere) mit einem Biß anzeigt, daß man etwas verkehrt gemacht hat!

In den letzten Jahren löste sich die kleine Verwandtschaft des Goldhamsters, die Sippschaft der Zwerghamster, immer mehr aus dem Windschatten ihres großen Vetters und ging gewissermaßen auf die Überholspur. Heute haben Zwerghamster eine große Fangemeinde, und so ist ihnen auch ein nicht unerheblicher Teil dieses Buches gewidmet, da die sonstige Literatur über die liebenswerten kleinen Kobolde aus Steppe und Wüste nur sehr spärlich gesät und dazu oberflächlich ist.

Das vorliegende Buch ist aus eigener Praxis von einem Liebhaber für Liebhaber geschrieben, und es soll weit mehr sein als nur eine „Gebrauchsanweisung" für den ersten eigenen Hamster!

Michael Mettler

7

Vom Wildtier zum Hausgenossen

Die Sippschaft der Hamster

Hamster gehören zoologisch zu den Nagetieren. Ihre näheren Verwandten sind die Feldmaus, die Bisamratte und die Wüstenrennmaus, was man auf den ersten Blick gar nicht vermuten würde. Aber all diese Tiere gehören – wie die Hamster – zur großen Gruppe der **Wühler** *(Cricetidae)*, die weltweit vermutlich über 2000 Arten umfaßt. (Die „Echten Mäuse", wie unsere Haus- und Waldmäuse, aber auch die

Wanderratten, bilden eine ganz andere Familie *(Muridae)* und sind, trotz gewisser Ähnlichkeiten im Aussehen, nicht näher mit den Hamstern verwandt.)
Die wilden Verwandten unserer Gold- und Zwerghamster sind in Europa und Asien zu Hause.
Die europäischen und asiatischen Arten der Hamstersippschaft unterteilt man nach ihrer unterschiedlichen Größe gern in Groß-, Mittel- und Zwerghamster.

Die Großhamster
Der einzige Vertreter der Großhamster in Europa und Asien ist der auch bei uns vorkommende **Feldhamster** *(Cri-*

8

Der auch bei uns heimische Feld-hamster ist die größte Hamsterart

Chinesischer Streifenhamster

cetus cricetus). Er erreicht fast Meer-schweinchengröße und eignet sich wegen seines Naturells und seines Platzbedarfes nicht als Heimtier.

Die Mittelhamster

Sie werden in erster Linie durch den uns wohlbekannten **Goldhamster** *(Mesocricetus auratus)* repräsentiert. Ob der **Rumänische** oder **Schwarz-brusthamster** *(Mesocricetus newto-ni)* wirklich eine eigene Art ist oder nur der nördliche Vertreter des (wie er vollständig heißt) Syrischen Goldham-sters, ist noch nicht vollständig ge-klärt. Übrigens wäre der Goldhamster als Haustier nicht so beliebt geworden, hätte er einen nackten „Ratten-schwanz", wie auf der Zeichnung links zu sehen ist.

Die Zwerghamster

Auch eine Art der Zwerghamster kommt in Europa vor: der **Graue** oder **Balkan-Zwerghamster** *(Cricetulus migratorius).* Zur gleichen Gattung zählt auch der in letzter Zeit häufiger als Heimtier gehaltene **Chinesische Streifenhamster** *(Cricetulus griseus),* auch wenn er in China zu Hause ist. Obwohl es merkwürdig klingt, gibt es auch unter den Zwerghamstern sehr große Arten; bei ihnen beweist die Anatomie, daß sie in diese Gruppe und nicht zu den Großhamstern gehören. Der größte Zwerghamster erreicht nicht nur die Größe einer Ratte, son-dern sieht mit seinem langen Schwanz auch so aus und heißt daher folgerich-tig **Rattenartiger Zwerghamster** *(Tscherskia triton).* Es gibt auch einen

▬▬ *Dsungarischer Zwerghamster*

▬▬ *Campbell-Zwerghamster*

▬▬ *Roborowski-Zwerghamster*

Mausartigen Zwerghamster *(Calomyscus bailwardi),* der von einer wirklichen Maus kaum zu unterscheiden ist. Allerdings gelangen diese beiden Arten genausowenig wie der in der Größe dazwischenstehende **Eversmann-Zwerghamster** *(Allocricetulus eversmanni)* in den Zoohandel, ja sie wurden überhaupt erst wenige Male nach Europa eingeführt.

Zunehmend häufiger trifft man dafür in Zoogeschäften und bei Liebhabern auf Vertreter der sogenannten Kurzschwänzigen Zwerghamster, wobei am häufigsten der **Dsungarische Zwerghamster** *(Phodopus sungorus sungorus)* angeboten wird. Im Handel wird er allerdings oft unter verschiedenen anderen Namen geführt: Russischer und Sibirischer Zwerghamster, Seiden-, Zwergseiden- oder Seidenzwerghamster bezeichnen das gleiche Tier, wobei der Begriff „Seidenhamster" zu einer Verwechslung mit einer genauso benannten Rasse des Goldhamsters (siehe Seite 18) führen kann.

Die östliche Unterart des Dsungarischen Zwerghamsters ist der seltener gehaltene **Campbell-Zwerghamster** *(Phodopus sungorus campbelli),* und der Zwerg der Sippe ist der winzige **Roborowski-Zwerghamster** *(Phodopus roborovskii),* die kleinste Hamsterart überhaupt.

Wichtiges zum Thema Artenschutz

Es sei noch erwähnt, daß die drei europäischen Hamsterarten **Feldhamster, Rumänischer Goldhamster** und **Grauer Zwerghamster** zu den geschützten Arten zählen; sie tauchen allerdings im Handel nicht auf. Die asiatischen Zwerghamster sind sämtlich nicht in ihrem Bestand bedroht, und alle im Handel angebotenen Exemplare entstammen ausnahmslos Zuchten (durch gute Zuchterfolge ist ein Import von Wildfängen schon seit Jahren nicht notwendig). Der Goldhamster schließlich ist ein domestiziertes Tier wie Hund, Katze und Meerschweinchen und unterliegt schon deswegen keinerlei Artenschutzbestimmung.

Aussehen und Lebensweise

Von allen aufgeführten Arten kommen praktisch nur vier als Heimtiere in Frage: der Goldhamster, der Chinesische Streifenhamster, der Dsungarische – mit seiner östlichen Unterart des Campbell-Zwerghamsters – und der Roborowski-Zwerghamster. Von ihnen wird deshalb in den folgenden Kapiteln die Rede sein.

Der Goldhamster

Ihn muß ich nicht beschreiben, denn wohl jeder hat schon einmal dieses Tier gesehen oder sogar besessen. Ich möchte darauf hinweisen, daß „Goldhamster" dabei eine Bezeichnung für die gesamte Tierart ist und nicht etwa nur für ihre wildfarbigen, goldbraunen Vertreter! Scheckenhamster, Satinhamster und Teddyhamster sind somit keine eigenen Arten, sondern nur Zuchtrassen des Goldhamsters (so wie Siam-, Rex- und Perserkatzen z.B. Rassen der Hauskatze sind) und lassen sich beliebig untereinander kreuzen.

Der langhaarige Teddyhamster ist lediglich eine Rasse des Goldhamsters

Der Goldhamster ist ein Wüsten- und Halbwüstenbewohner, lebt aber in seiner Heimat Kleinasien auch in Getreidefeldern. Er ist also kein einheimisches Tier, sondern ein Bewohner trocken-warmer, subtropischer Gebiete, weshalb er in unserem Klima draußen nicht lange überleben würde. Sein goldfarbenes Fell ist in seinem natürlichen Lebensraum eine hervorragende Tarnung. Merkwürdigerweise wissen wir ausgerechnet über das Freileben des Goldhamsters weniger als über das seiner diversen Verwandten.

Der Chinesische Streifenhamster

Er wird höchstens 11 cm groß und ist damit halb so groß wie ein Goldhamster, hat aber dessen langgestreckte Gestalt und die gleiche Bewegungsweise. Sein an der Oberseite graues Fell wird von einem schwarzen Längsstrich („Aalstrich") verziert. Diese Art ist am wenigsten auf einen bestimmten Lebensraum spezialisiert und meidet in ihrer Heimat China lediglich Sandwüsten, Hochgebirge und feuchten Untergrund.

Der Dsungarische Zwerghamster

Dieser Hamster, der nur etwa 9 cm groß wird, besitzt auch den Aalstrich, doch ist er leicht an seiner rundlichen Körperform zu erkennen. Er wirkt wie

ein kleines Bärchen, während der Chinese doch etwas an eine Maus erinnert. Auffällig klein sind Schwänzchen und Füße, beide verschwinden fast unter dem Körper. Ein laufender Dsungare huscht über den Boden wie eine aufgezogene Spielzeugmaus! Im Sommerfell ist der Dsungare grau mit Aalstrich und einer schwarzen Begrenzungslinie zwischen der dunklen Ober- und der weißen Unterseite. Im Winter wird das Fell heller, bei kühl gehaltenen Tieren sogar bis auf wenige Graureste schneeweiß! Da man aber sein Heimtier normalerweise bei Zimmertemperatur hält, bleiben die meisten Dsungaren grau und werden höchstens etwas scheckig.

Der Dsungarische Zwerghamster bewohnt die Steppen und Tundren Westsibiriens und geht zur Nahrungssuche auch manchmal an die Waldränder. Er hält keinen Winterschlaf, sondern ist auch in der kalten Jahreszeit aktiv, wobei seine weiße Winterfärbung einen wirksamen Schutz vor Feinden darstellt. Seine östliche Unterart, der schon erwähnte *Campbell-Zwerghamster*, lebt hingegen in der Steppe und Halbwüste. In Anpassung daran ist auch sein Fell fast sandfarben, die dunklen Flankenstreifen des Dsungaren fehlen ihm; den Aalstrich weist aber auch er auf. Campbell-Zwerg-

hamster färben sich im Laufe des Jahres nur wenig um.

Dsungarischer und Campbell-Zwerghamster lassen sich miteinander kreuzen, was der Grund dafür war, sie lediglich als Unterarten derselben Tierart zuzuordnen. Seit einigen Jahren jedoch zweifeln mehrere Wissenschaftler die Richtigkeit dieser Zuordnung an und betrachten beide als getrennte Arten. Verdächtig erschien ihnen neben Unterschieden im Chromosomenbild auch die Tatsache, daß nicht alle Nachkommen von Kreuzungen fortpflanzungsfähig waren, was bei Angehörigen derselben Art nicht vorkommen dürfte (außer, es liegt ein Erbfehler vor). Das sollte Sie davon abhalten, selbst Kreuzungsversuche zu machen. Abgesehen davon, daß Sie mit Mischlingen, die von reinrassigen Tieren teilweise kaum zu unterscheiden sind, bei Weitergabe eventuell reinrassige Zuchtstämme „verwässern" könnten, steigt damit von Generation

Dsungarische Zwerghamster zeigen bei nicht zu warmer Unterbringung einen jahreszeitlichen Färbungswechsel: dunkles Sommerfell (oben links), gescheckte Übergangsfärbung (oben rechts), helles Winterfell (unten)

zu Generation der kleinen Hamster die Rate der unfruchtbaren Tiere, bis eines Tages (der dank der hohen Vermehrungsrate der Hamster schnell kommen kann) der gesamte Liebhaberbestand wegen Unfruchtbarkeit zusammenbricht. Dieses Schicksal wollen wir den Hamstern und ihren menschlichen Freunden ersparen!

Der Roborowski-Zwerghamster
Der von seinen Freunden kurz „Robo"
oder „Robby" genannte Hamster ist
der kleinste Vertreter der als Kleintiere
gehaltenen Hamsterarten. Er wird nur
etwa 7 cm groß, also nicht größer als
ein 2 Wochen alter Goldhamster! Sein
Fell ist an der Oberseite sandfarben
mit einem Stich ins Rötliche (Sommer)
oder Gräuliche (Winter), die Unterseite ist reinweiß. Ein Flanken- oder
Rückenstreifen fehlt völlig. Auch er
„schnurrt" über den Boden wie der
Dsungare, doch ist er wesentlich flin-
ker, ja manchmal regelrecht „hektisch". Von den vier Arten eignet er
sich am wenigsten als Streicheltier,
doch macht es viel Spaß, ihn zu
beobachten. Der Roborowski-Zwerghamster ist auf das Leben in der Sand-
wüste spezialisiert, wo ihm sein sandgelbes Fell eine wunderbare Tarnung
bietet. Seine flinke Fortbewegungs-
weise ist im deckungslosen Dünenland
notwendig, um seinen Feinden einen
Angriff zu erschweren. Außerdem
legt er im verhältnismäßig lockeren
Untergrund keinen weitverzweigten
Bau an – wie viele seiner Vettern –,
sondern gräbt nur eine einfache
Röhre in eine Düne hinein, an deren
Ende sich ein Schlafkessel befindet.
Seine Heimat sind die innerasiatischen
Wüsten.

Körperbau und Sinnesleistungen

Die kompakte „Bauweise" der Hamster deutet auf ihre teilweise unterirdische Lebensweise hin.

Wichtig: Hamster graben gut und
müssen unbedingt ihrem natürlichen
Scharrtrieb nachgehen können; die
Haltung auf Gitterrosten, wie sie in
manchen Hamsterkäfigen eingesetzt
werden, ist Tierquälerei.

Hamster sind zudem ausgesprochene
Lauftiere mit großer Kondition. Speziell Goldhamster leiden daher bei der
Unterbringung in zu kleinen Käfigen,
auch wenn das Laufrad ein geeignetes
Trainingsmittel ist. Freilebende Hamster legen in der Nacht oft mehrere
Kilometer zurück, um Nahrung zu
suchen!
Die nackten Hände und Füße befähi-
gen Gold- und Streifenhamster durch
eine gewisse „Greiffähigkeit" zum
Klettern. Die anderen Zwerghamster
mit behaarten Händen und Füßen
sind da eher ungeschickt. *Springen*
gehört normalerweise nicht zum
Bewegungsrepertoire eines Hamsters,
doch gibt es durchaus hie und da
Tiere, deren Sprungvermögen etwas
weiter entwickelt ist!

14

Die „kahle Stelle" an der Flanke dieses Goldhamsters kennzeichnet den Sitz der Flankendrüse und ist keineswegs krankhaft

Schwimmen können alle Hamster im Notfall, doch sucht keiner von ihnen freiwillig das nasse Element auf (was auch schnell zu tödlichen Erkältungen führen könnte).

Die *Backentaschen* des Hamsters sind eine Anpassung daran, daß die Nahrung in ihren natürlichen Lebensräumen weit vertreut ist; sie sammeln darin unterwegs ihr Futter und verzehren es erst im sicheren Bau, wo die Überschüsse zudem als „Hamstervorräte" eingelagert werden.

Mit Hilfe von *Duftdrüsen* markieren Hamster ihre Territorien. Zwerghamster besitzen dafür eine einzelne Drüse in der Bauchmitte, Goldhamster hingegen Flankendrüsen auf beiden Körperseiten; diese sind als Ansammlung dunkler „Noppen" erkennbar, wenn man das Fell an den Hüften etwas auseinanderbläst.

Gehör und *Geruchssinn* sind bei den Hamstern besonders gut ausgebildet, scharfes *Sehen* hingegen ist nicht ihre Stärke.

Goldhamsters zum Haustier eingeleitet, als Professor *Aharoni* nahe der Stadt Aleppo in der syrischen Wüste einen Hamsterbau aufgrub. Er fand ein Weibchen mit zwölf Nestjungen vor und nahm diese Tiere in sein Institut mit. Durch Verluste und Entkommen verringerte sich die Anzahl auf drei, nach einer anderen Version auf vier Tiere. Diese wenigen, noch dazu ganz nah verwandten Goldhamster, waren die Vorfahren aller Goldhamster, die in Menschenhand gelebt haben oder noch leben. Durch die hochgradige Inzucht entwickelten sich schnell Varianten, die jedoch durchweg gesund und lebensfähig waren. Innerhalb kurzer Zeit wurde uns also vor Augen geführt, wie in grauer Vorzeit auch die anderen Haustiere des Menschen entstanden sind: durch Einfangen eines oder mehrerer Wildtiere und ständiges Verpaaren des Nachwuchses, wodurch Mutationen (Abweichungen in Gestalt und Färbung) auftraten. Diese Mutationen wurden dann „gefestigt", das heißt, Tiere mit gleichen oder ähnlichen Eigenschaften wurden bevorzugt miteinander verpaart, damit diese Eigenschaften auch an die Nachkommen weitergegeben wurden.

Vom Wild- zum Heimtier

Über den Goldhamster als Wildtier ist nur sehr wenig bekannt. 1839 wurde die Art durch den Wissenschaftler *Waterhouse* erstmals beschrieben, doch geriet sie dann für fast hundert Jahre in Vergessenheit. Im Jahre 1930 wurde schließlich die Entwicklung des

Die verschiedenen Rassen

Die diversen durch die Zucht entstandenen Rassen des Goldhamsters unterscheiden sich vor allem in der Behaarung.

Am bekanntesten und am weitesten verbreitet sind die **normalhaarigen Goldhamster,** die in der Fellstruktur ihrem wilden Vorfahren gleichen, aber in etlichen Farbvarianten gezüchtet werden.

Sehr selten zu finden ist der **Satin-** oder **Seidenhamster** (Achtung: Manche Zoohändler bezeichnen mit „Seidenhamster" fälschlicherweise den Dsungarischen Zwerghamster!). Diese Goldhamsterrasse zeichnet sich durch ein fast unwirklich glänzendes Fell aus, wobei der besondere Aufbau des Einzelhaares zu einer Intensivierung der Grundfarbe führt; ein eigentlich goldbrauner Goldhamster wirkt durch den Satin-Faktor beinahe kupferrot.

Wichtig: Die Zucht ist aufwendig, da Satin x Satin häufig Nachzucht mit spärlichem Haarwuchs ergibt; es muß immer wieder mit normalhaarigen Goldhamstern „zurückgekreuzt" werden.

▬ *Wunderschön, aber leider selten: Satin-Goldhamster (hier in der Wildfarbe)*

18

Das anfangs noch kurze Fell der Teddyhamster wächst zeitlebens. Beide Fotos zeigen dasselbe Tier, links als Jungtier, rechts im Alter von anderthalb Jahren (Teddyhamster zobelfarbig)

Ebenfalls eine Rarität ist der **Rexhamster** mit verkürztem Deckhaar, wodurch eine samtartige Fellstruktur entsteht (auch die Tasthaare sind verkürzt). Wegen ihres lichten Haarwuchses sind Rexhamster weniger attraktiv und nur für eingefleischte Züchter interessant. Tiere dieser Rasse wurden früher möglicherweise „Teddyhamster" genannt und verdienten diesen Namen aufgrund ihres „plüschigen" Fells eher als die Rasse, die wir heute darunter verstehen.

Was im Handel als „Teddyhamster" angeboten wird, heißt korrekt eigentlich **Langhaar-** oder **Angora-Goldhamster**; da der Name „**Teddyhamster**" heute aber für diese Tiere allgemein gebräuchlich ist, soll er auch im vorliegenden Buch Verwendung finden.

Bei Teddyhamstern wächst die Unterwolle zeitlebens, wodurch eine feinstrukturierte „Matte" entsteht. Jungtiere sind noch kurzhaarig und von Ungeübten nur im direkten Vergleich von „normalen" Goldhamstern zu unterscheiden; meistens tragen sie aber schon einige verlängerte Haare hinter den Ohren, an den Hinterschenkeln und an den Hüften.

Die Fellmerkmale Satin und Angora lassen sich durch geschickte Zucht kombinieren (die Vererbungsgesetze der einzelnen Rassen hier zu behandeln, würde den Rahmen des Buches sprengen); Satin-Teddyhamster zeigen den fast metallischen Fellglanz jedoch nur in den kurzhaarigen Bereichen (etwa am Kopf), die lange Angorawolle bleibt vom Satin-Einfluß unberührt.

Die Farbschläge

Die Fellfarben des Goldhamsters
Alle Goldhamsterrassen werden in unterschiedlichen Farbschlägen von großer Vielfalt gezüchtet und können beliebig untereinander gekreuzt werden. Die *Wildfarbe* verschwindet leider immer mehr aus den Zuchten, dabei sehen die Hamster mit ihrem goldbraunen Rückenfell und den pechschwarzen Wangenstreifen eigentlich

besonders hübsch aus. Häufig sieht man inzwischen *braune* Hamster in verschiedenen Helligkeitsstufen, bei denen die Wangenstreifen kaum ausgeprägt sind.

Andere einfarbige Schläge sind *Weiß* (Albinos mit roten Augen), *Schwarz, Silbergrau, Dunkelgrau, Creme, Aprikot* (rötlichgelb) sowie eine ganze Reihe wenig verbreiteter weiterer Farben. *Scheckenhamster* verbinden eine dieser Farben mit Weiß in unterschied-

Zobelfarbiger (links) und schwarzer Goldhamster

lichsten Varianten. Eine besondere Art der Zweifarbigkeit ist die sogenannte *Russenfärbung:* Der Hamster ist weiß mit schwarzen Ohren und schwarzem Schnäuzchen. Diese Färbung findet man übrigens bei vielen Haustieren, oft sind dann wie bei der Siamkatze zusätzlich noch Füße und Schnauze schwarz.

Jede Goldhamsterrasse kann in jeder dieser Farbformen gezüchtet werden. Man sagt den Scheckenhamstern nach, daß sie besonders nervös und kurzlebig seien und häufiger als andere Hamster beißen. Nach meinen bisherigen Erfahrungen kann ich diese Behauptung nicht bestätigen. So kannte ich einen braun-weißen Schecken, der als völlig handzahmes Tier 3 ½ Jahre alt wurde. Schecken unterschidicher Farben aus meiner Zucht versuchten niemals zu beißen, während deren einfarbig brauner Vater ziemlich aggressiv war. Es scheint somit Unterschiede in verschiedenen Zuchtstämmen zu geben. Albino-, Russen- und Cremehamster gelten als besonders friedlich, schwarze Hamster dagegen als recht temperamentvoll. Mein schwarzer Goldhamster war auch tatsächlich aus dem ganzen Wurf, in dem alle möglichen Farben vertreten waren, das weitaus aktivste Tier und ließ sich am schwersten fangen.

Die Fellfarben des Chinesischen Streifenhamsters

Hier treten manchmal Exemplare ohne Rückenstreifen auf, was auch im Freiland gelegentlich vorkommt: Von einem echten Farbschlag könnte man jedoch erst sprechen, wenn solche Tiere gezielt weitergezüchtet würden. Dies geschieht seit einigen Jahren in England und den Niederlanden mit weißgescheckten Streifenhamstern, die aber im deutschen Sprachraum kaum erhältlich sein dürften. Auch völlig *weiße* Streifenhamster hat es in einer Laborzucht schon gegeben, doch waren die Männchen ohne Ausnahme unfruchtbar, weswegen ständig mit normalfarbigen Männchen „zurückgekreuzt" werden mußte; auch diese Farbe dürfte für Liebhaber kaum aufzutreiben sein.

Gerüchte, daß vom Roborowski-Zwerghamster Albinos aufgetaucht sein sollten, haben sich in den vergangenen Jahren nicht bestätigt.

Die Fellfarben des Campbell-Zwerghamsters

Für Zwerghamsterverhältnisse geradezu reichhaltig ist die Farbpalette des Campbell-Zwerghamsters – was nicht bedeutet, daß man diese Tiere jederzeit und überall bekommen kann (leider). So gibt es *Albinos,* die durch ein

Campbell-Zwerghamster argente ("gelb" oder "falbe")

Campbellzuchten vertreten und führt ebenfalls zu einem glänzenden Fell; beim Campbell ist er aber im Gegensatz zu seinem großen Vetter mit einer nachteiligen Wirkung gekoppelt, denn die Satinhaare „kleben" strähnig zusammen, wodurch der Hamster „naß" wirkt. Da Satin-Campells zudem weniger vital zu sein scheinen, ist es fraglich, ob sie eine größere Verbreitung finden werden. Der Satinfaktor kann übrigens mit allen Farbschlägen des Campbell-Zwerghamsters gekoppelt werden.

Die Fellfarben des Dsungarischen Zwerghamsters

Dieser bei uns weitverbreitete Hamster kommt in Großbritannien, dem klassischen Land der Rassenzucht, weniger häufig vor als sein östlicher Vertreter, der Campbell-Zwerghamster; dies mag der Grund sein, daß aus ihm noch nicht mehr als zwei Varianten „herausgezüchtet" wurden, die bei uns allerdings nicht erhältlich sein dürften: *Pearl* und *Saphir* zeigen eine ins Silbergraue bzw. ins Bläuliche veränderte Fellfarbe.

Wenn Sie irgendwo weiße Dsungaren mit schwarzen Augen sehen, dann ist dies kein eigener Farbschlag, sondern

wirklich blütenweißes Fell bestechen. Eine zweite Farbvariante heißt genetisch korrekt *Argente,* ist unter deutschsprachigen Liebhabern aber als *Gelb* oder *Falbe* bekannt. Diese ebenfalls sehr ansprechenden Hamsterchen tragen ein sandgelbes Fell mit dunkelbraunem (statt schwarzem) Rückenstreifen und weißem Bauch, die Augen sind wie beim Albino rot. Des weiteren sind – wenn auch noch sehr selten – *weißgescheckte* Exemplare und solche mit *weißem „Halsband"* aufgetreten. Und auch der beim Goldhamster erwähnte *Satinfaktor* ist in einigen

22

die Winterfärbung, die sie in voller Ausprägung allerdings nur bei kühler Haltung zeigen (die Engländer nennen den Dsungaren danach auch „Winter White").

Alle genannten Zwerghamster-Farbschläge sind im deutschen Sprachraum sehr schwer zu bekommen; einige davon habe ich selbst noch nie gesehen (Stand Anfang 1996). Wer sich ernsthaft für Farbenzucht mit Zwerghamstern interessiert, wird nicht umhin können, sich in den Niederlanden oder in Großbritannien um Zucht-

tiere zu bemühen, wo die Zucht von Hamstern, aber auch von Mäusen, Rennmäusen und Ratten weiter entwickelt ist als bei uns und nach Rassenstandards und mit regelmäßigen Ausstellungen betrieben wird. Vermutlich werden aber noch in näherer Zukunft alle neuen Entwicklungen in Sachen Farbschläge und Fellstrukturen bei Zwerg- und Goldhamstern von diesen Ländern ausgehen – falls der Zufall nicht nachhilft und vielleicht gerade Ihnen in einem Hamsterwurf ein abweichend gefärbtes Jungtier beschert!

23

Wir möchten einen Hamster

Bevor Sie ein Haustier aufnehmen, sollten Sie kritisch überlegen, ob Sie auch alle Konsequenzen bedacht haben und bereit sind, sie zu tragen. Das gilt natürlich auch für die Anschaffung eines Hamsters.

Wichtig: Der Mensch muß sich den Bedürfnissen seines Pfleglings anpassen und nicht umgekehrt. Ein Tier kann nur so leben, wie es ihm die Natur zwingend vorschreibt, und kennt dabei nur geringe Rücksichtnahme auf seine menschlichen Mitbewohner.

■ *Wegen ihres empfindlichen Gehörs vertragen Hamster keine laute Musik*

Ein in der Wohnung gehaltener Goldhamster wird nicht aus Liebe zu seinem Pfleger zum ausschließlichen Tagtier oder gar zum Hi-Fi-Fan oder Zigarrenraucher. Der Mensch hingegen hat die Möglichkeit, dem Hamster das Leben so angenehm und artgerecht wie möglich zu gestalten. Dazu muß er vor allem wissen und beachten, was seinem Schützling bekommt und was nicht.

Voraussetzungen für die Hamsterhaltung

Die nachfolgenden Dinge sollten Sie unbedingt bedenken, wenn Sie mit dem Gedanken spielen, sich einen oder mehrere Hamster ins Haus zu holen:

■ Goldhamster sind von Natur aus Nachttiere und mögen es nicht besonders, vor dem Abend geweckt zu werden. Trägt man dem nicht Rechnung, hat man bald einen mürrischen Gesellen, noch dazu mit einer geringeren Lebenserwartung als ein natürlich lebender Artgenosse. Auch Kinder

müssen dazu angehalten werden, auf diese Eigenheit des Goldhamsters Rücksicht zu nehmen und ihre Spielstunden mit dem kleinen Freund auf den Abend zu verlegen.

Zwerghamster sind zwar tagsüber zeitweise aktiv und nehmen einen Kontakt zu diesen Zeiten nicht so übel, aber man kann sie eigentlich nur beobachten.

Wichtig: Ein Hamster ist kein Spieltier, dafür eignen sich Plüschteddys besser, und das sollten auch Kinder wissen! Mit so einem kleinen Tier kann man sich höchstens beschäftigen. Der Unterschied zum Spielen besteht darin, daß der Hamster bei der Beschäftigung das macht, was er möchte, und man ihn bestenfalls zu anderen Aktivitäten auffordert. Ihn zu knuddeln oder gar in Puppenkleider zu stecken ist Tierquälerei! An einem Beispiel verständlich ausgedrückt: Wenn der Hamster voller Neugier in ein Spielzeugauto klettert und es untersucht, kann man ihn damit ruhig vorsichtig über den Boden schieben. Ihn aber gegen seinen Willen in das Gefährt zu setzen und ihn dann noch zu zwingen, darin zu bleiben, damit man mit ihm eine wilde Rallye durch das Zimmer fahren kann, das ist schädlicher Streß für den Hamster.

Auch wenn Sie stark rauchen, sollten Sie sich keinen Hamster und auch kein anderes Kleintier zulegen bzw. Sie dürfen nicht erwarten, daß die Tiere sich unter diesen Bedingungen wohl fühlen.

Denken Sie vor der Anschaffung daran, daß ein Heimtier auch während Ihres Urlaubs gut versorgt werden muß. Meist ist es ja nicht möglich, einen Hamster in den Urlaub mitzunehmen, besonders wenn man ins Ausland reist. Haben Sie eine Möglichkeit, ihn in verantwortungsbewußte Pflege zu geben? Wenn Ihnen auch nur für einen Moment der Gedanke kommt, im Notfall könne man den Hamster ja auch in die freie Natur setzen, dann kann man Ihnen die Anschaffung nicht empfehlen.

Wie's da drin wohl aussieht?

Wie komme ich hier jetzt bloß wieder heraus?

Vergessen Sie nicht, daß ein Hamster, auch wenn er relativ pflegeleicht ist, doch ein wenig Arbeit macht. Der Käfig muß regelmäßig gereinigt und das Futter besorgt und bereitgestellt werden. Ist Ihr Kind der Hamsterpfleger, müssen Sie ihm deutlich vor Augen führen, daß die Pflege eines Tieres nicht nur Freude, sondern auch Pflichten mit sich bringt, die genauso wie die täglichen Schularbeiten erledigt werden müssen.

Wichtig: Sie müssen natürlich immer ein Auge darauf haben, ob Ihr Kind seine Pflichten bei der Versorgung seines Hamsters ernst nimmt.

Wie die meisten Kleintiere kann ein Hamster gelegentlich beißen. Ein zahmes Tier tut das zwar nur aus Versehen (wenn z.B. die Finger nach Apfel riechen) oder zur Abwehr, wenn man es ärgert oder falsch anfaßt, aber vorkommen kann es. Bringen Sie dann Verständnis auf, den kleinen Kerl trotzdem noch zu mögen?

Und ein Letztes: Wie jedes Tier kann auch ein Hamster einmal krank werden. Sind Sie bereit, ihn dann besonders aufmerksam zu pflegen und auch eventuell Tierarztkosten zu tragen, die den Kaufpreis des Hamsters meist überschreiten?

Erst wenn alle diese Überlegungen zugunsten des kleinen Nagers ausfallen, bringen Sie auch die richtigen Voraussetzungen für die Hamsterhaltung mit.

Endlich – das richtige Loch ist gefunden!

Es geht doch nichts über die Freiheit!

Kleiner Hamster – kurzes Leben

Gerade Eltern schrecken oft vor dem Kauf eines Hamsters mit dem Argument zurück: „Der ist nach zwei Jahren tot, und dann ist das Geheul groß." Derartige Äußerungen zeugen von Gedankenlosigkeit, denn bei jedem Tier, das einem Kind gehört, kann „das Geheul groß sein", wenn es stirbt. Dabei ist es egal, ob es ein zweijähriger Hamster oder ein vierzehnjähriger Hund ist. Eltern mit dieser Ansicht entziehen sich meiner Meinung nach der Verantwortung, ihre Kinder über den Tod aufzuklären. Durch das Ableben des Heimtieres läßt sich dem Kind leichter erklären, daß das Leben nicht ewig währt; leichter jedenfalls, als wenn ein geliebter Ver-

wandter stirbt. Insofern erfüllt sogar der Tod des Tieres noch einen guten Zweck. Interessanterweise verweigern die gleichen Menschen ihren Kindern auch längerlebige Haustiere mit dem Argument: „Nach einem Jahr ist dann das Interesse verloren, und dann bleibt die Pflege an uns hängen." Na bitte, da ist doch ein Hamster mit seinem kurzen Leben das ideale Heimtier! Gönnen Sie Ihrem Kind ruhig diesen Hausgenossen!

Den Hamster nicht nur halten, sondern ihn erleben

Bei der Haltung eines Tieres (und nicht nur dabei) kommt es weniger darauf an, wie lange, sondern eher, wie intensiv man es erlebt. Wird der Hamster eher nebenher gepflegt und findet nur gelegentlich Beachtung, wirkt sein

Wer seinen Hamster intensiv erlebt, wird merken, wie ausgefüllt sein „kurzes" Leben sein kann

Leben sehr kurz. Beobachtet man ihn jedoch häufig und lernt sein Verhalten besser kennen (mit anderen Worten, man sieht ihm nicht nur beim Fressen und beim Laufen im Laufrad zu), so wird man feststellen, daß das für uns so kurze Hamsterleben für das Tier selbst sehr ausgefüllt und bei guter Haltung auch sehr befriedigend ist. Das intensive Erleben eines Heimtieres besteht allerdings darin, an *seinem* natürlichen Leben teilhaben zu dürfen, und nicht, ihm mit allen Mitteln die menschliche Lebensweise aufzuzwingen; das Tier soll Gast bei uns sein und nicht Vergnügungssklave.

Wichtig: Wie alt ein Hamster wird, hängt nicht nur von seiner natürlichen Lebenserwartung, sondern auch von äußeren Einflüssen ab. Streß, falsche Ernährung, Zigarettenrauch und andere „Störfaktoren" verkürzen sein Leben.

Wie lange lebt ein Hamster?

Das Höchstalter des Goldhamsters von 7 Jahren geistert bereits seit Jahrzehnten durch alle über ihn erschienenen Bücher. Es hat mich schon immer interessiert, wie oft diese Rekordmarke tatsächlich bereits erreicht wurde – vielleicht nur ein einziges Mal, und seit dieser Zeit galt sie als Maßstab.

Höchst- und Durchschnittsalter eines Lebewesens können erheblich voneinander abweichen, die Lebensbedingungen spielen dabei eine ebenso große Rolle wie mögliche Erkrankungen und das vorhandene Erbgut. Ein erbkranker Hamster wird auch bei bester Pflege nicht das Höchstalter erreichen (und man sieht ihm äußerlich leider nicht an, daß er erbkrank ist); ein genetisch optimal ausgestattetes Tier (was wiederum äußerlich nicht erkennbar ist) kann Krankheiten und widrigen Lebensbedingungen zum Trotz unter Umständen (für seine Begriffe) uralt werden. Der Vergleich mit dem Menschen sei an dieser Stelle erlaubt: Es gibt immer wieder vereinzelt Menschen, die weit über 100 Jahre alt werden, doch beträgt das Durchschnittsalter z.B. in Deutschland nicht einmal 80 Jahre (und läge ohne die moderne Medizin sicherlich noch weit darunter).

Unser Tip:

Setzen Sie sich nicht den Altersrekord als Ziel für Ihre Tierpflege und machen sich dann Vorwürfe, wenn Ihr Pflegling ihn nicht erreicht (was, wie gesagt, nicht nur in Ihren Händen liegt), sondern orientieren Sie sich an der durchschnittlichen Lebensdauer, und freuen Sie sich über jeden Tag, um den Ihr Hamster sie überschreitet.

Also: Die wenigsten **Goldhamster** werden mehr als 2 Jahre alt. Temperamentvolle Tiere sind dabei meist kurzlebiger als ruhigere. Der älteste Goldhamster, den ich selbst kannte, starb im Alter von $3\frac{1}{2}$ Jahren an Altersschwäche. Kurioserweise war es übrigens einer der als extrem kurzlebig verschrieenen Schecken!

Zwerghamster leben nach meinen Erfahrungen etwas weniger lang als ihre großen Verwandten; $1\frac{1}{2}$ bis $1\frac{3}{4}$ Jahre dürften hier die normale Lebenserwartung sein. Auch hier gibt es aber völlig aus dem Rahmen fallende Altersrekorde. So hörte ich von einem Zwerghamsterpaar, bei dem das Weibchen im biblischen Alter von 3 Jahren noch ein Junges bekam!

Für Kinder nicht geeignet und auch sonst eher zum Beobachten als zum Streicheln: Roborowski-Zwerghamster

29

Wenn der Hamster alt wird

Auch ein optimal versorgter und gepflegter Hamster wird einmal alt. Altersschwache Hamster verlieren Haare, magern ab, werden steifbeinig und bucklig. Sie bewegen sich nur noch langsam und werden am liebsten in Ruhe gelassen. Viele alte Hamster erblinden. Da sie sich aber mit Tast- und Geruchssinn gut orientieren können, behindert es sie nicht weiter. Man darf sie nur nicht in fremde Umgebung setzen, am besten läßt man sie ständig in ihrem gewohnten Käfig.

Die Qual der Wahl

Wenn Sie sich nach reiflicher Überlegung entschlossen haben, einen Hamster anzuschaffen, gilt es nun, sich klarzuwerden, welche Hamsterart zu Ihnen paßt.

Streicheltier Goldhamster

Als Streicheltier eignet sich in erster Linie der altgediente Goldhamster mit all seinen Zuchtformen. Er ist am „handlichsten" denn er ist groß genug, um nicht bei einem etwas zu heftigen Zugriff gleich verletzt zu werden, und er kann beim Freilauf nicht so leicht in kleinsten Ritzen verschwinden. Außerdem ist er sehr anpassungsfähig.

Unser Tip:

Für ein Kind eignet sich der Goldhamster unter all seinen Verwandten noch am besten, weil er verhältnismäßig robust ist. Allerdings hat er den Nachteil, daß er erst abends wach wird und es überhaupt nicht schätzt, vorher geweckt oder gar zum Spielen animiert zu werden.

Der langhaarige Teddyhamster ist sehr kuschelig, macht aber – bedingt durch die zeitaufwendige Fellpflege und durch die häufiger notwendige Käfigreinigung – mehr Arbeit als ein normaler Goldhamster.

Für ältere, tiererfahrene Kinder: der Chinesische Streifenhamster

Mit Einschränkungen gilt das beim Goldhamster Gesagte auch für diesen Nager. Er ist ebenfalls anpassungsfähig und darüber hinaus sogar tagsüber zeitweise aktiv, allerdings durch seine geringere Größe etwas zerbrechlicher als der Goldhamster. Wie dieser ist er vom Freileben her das Klettern gewohnt und läuft daher kaum Gefahr, etwa von der Hand oder vom Tisch abzustürzen.

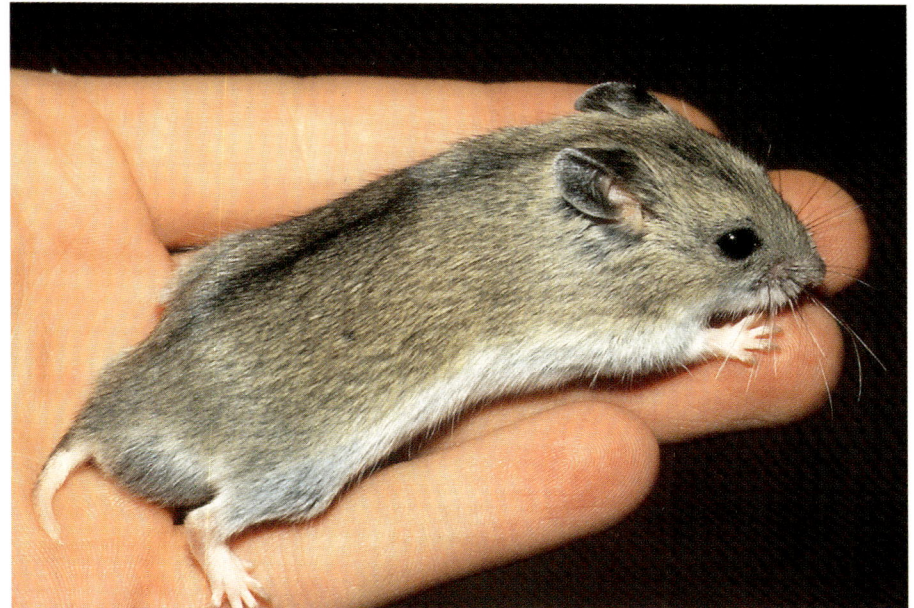

Für „fortgeschrittene" Kinder bedingt geeignet: Chinesischer Streifenhamster

Nur bedingt „zum Anfassen": Dsungarische, Campbell- und Roborowski-Zwerghamster

Der ruhigste und am häufigsten gehaltene Vertreter der Zwerghamster ist der Dsungare. Er ist der friedlichste Hamster überhaupt! Auch erwachsene Tiere werden noch handzahm, wenn sie sich auch wegen ihrer Kleinheit nur mit Einschränkungen als Streicheltier eignen.

Vom Campbell-Zwerghamster lassen sich nur die Männchen gut zähmen, die man dann wie Dsungaren behandeln kann, wenn sie auch immer etwas streitlustiger bleiben. Bei den Campbell-Weibchen habe ich noch keines erlebt, das nicht gebissen hätte! Da man die Campbells aber – im Gegensatz zu den Goldhamstern – problemlos paarweise halten kann, sollte man sich auf die Beobachtung des „Ehelebens" der Tiere beschränken, das macht entschieden viel mehr Spaß, als sich von ihnen beißen zu lassen.

Überhaupt nicht als „Tier zum Anfassen" geeignet ist der Roborowski-Zwerghamster. (Was nicht ausschließt, daß man ihm sehr wohl innerhalb seines Käfigs bzw. Terrariums vorsichtig über das Fellchen streicheln kann!) Er ist dafür zu klein, zu zerbrechlich und vor allem zu unruhig und lernt es nicht, auf einer Hand ruhig sitzen zu bleiben. Es macht aber Spaß, ein Paar dieser quecksilbrigen Kobolde bei seinen Aktivitäten im Terrarium zu beobachten!

Auch Robos beißen nicht, flutschen aber bei Fangversuchen aus der Hand wie ein Stück nasse Seife.

Wegen ihrer Kleinheit und ihrer Zerbrechlichkeit sind die genannten Zwerghamster nicht gut für Kinder geeignet.

Wichtig: Dsungarische, Campbell- und Roborowski-Zwerghamster sind von Natur aus reine Bodenbewohner und haben kein Verhältnis zur Tiefe. Sie können also unvermittelt über Handfläche oder Tischrand hinaus ins Leere laufen und sich beim Sturz arg, wenn nicht sogar tödlich verletzen. Zudem gehen die kleinen Kerle beim Freilauf leicht verloren, denn sie passen in jede Ritze, aus der sie durchaus nicht immer gleich wieder hervorkommen.

Alle Zwerghamster haben im Gegensatz zum Goldhamster ständig wechselnde Aktivitäts- und Schlafphasen und sind daher auch tagsüber zeitweise unterwegs.

Männchen oder Weibchen?

Nicht nur dann, wenn Sie Hamster züchten wollen, sollten Sie sich über das Geschlecht Ihres zukünftigen Hausgenossen im klaren sein. Bei Goldhamster, Streifenhamster und Campbell-Zwerghamster sind die Weibchen von Natur aus tempera-

Unser Tip:

Bei Gold- und Streifenhamstermännchen sind schon in jugendlichem Alter die Hoden deutlich zu erkennen (beim Goldhamster schon mit knapp 4 Wochen). Die Hoden sind es auch, die den Männchen ein (von oben gesehen) spitzeres Hinterteil geben, während die Weibchen ein rundliches haben. Bei ausgewachsenen Streifenhamstermännchen können die Hoden im Verhältnis zur Größe des Tieres enorm groß sein.

mentvoller und somit aggressiver als die Männchen. Nun werden aber gerade die beiden erstgenannten Arten bereits seit Jahrzehnten gezüchtet, wobei man natürlich die friedfertigen Exemplare bevorzugt zur Weiterzucht verwendet. Es gibt daher heute auch schon vollkommen friedliche Weibchen, doch sind sie noch nicht die Regel.

Die ursprünglich höhere Aggressivität der Weibchen hat freilich ihren Grund: Sie sind es, die in freier Wildbahn allein die Jungen aufziehen und notfalls unter Einsatz ihres Lebens (auch gegen Artgenossen!) verteidigen. Deshalb ist bei ihnen auch das Revierbildungsverhalten stärker ausgeprägt.

Dsungarische und Roborowski-Zwerghamster weisen dagegen kaum Temperamentsunterschiede zwischen den Geschlechtern auf.

Im Gegensatz zu vielen anderen Heimtieren produziert beim Goldhamster das Weibchen stärkere „Düfte" als das Männchen, da es damit seinen Besitz markiert.

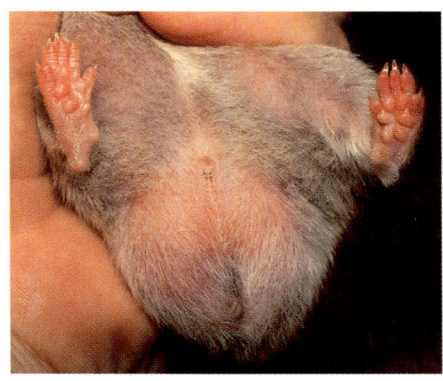

Männlicher Goldhamster

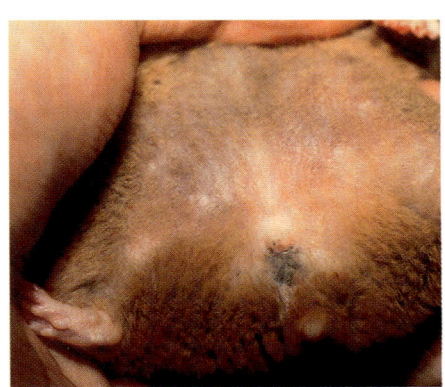

Weiblicher Goldhamster

Wie lassen sie sich unterscheiden?

Bei Gold- und Streifenhamstern ist das sehr leicht, bei den übrigen Zwerghamstern etwas problematischer, manchmal muß man mehrere Tiere zum Vergleich heranziehen. Generell gilt: Der Abstand zwischen Geschlechts- und Afteröffnung ist bei Hamsterweibchen sehr klein, bei Männchen dagegen wesentlich größer.

Bei Dsungarischen, Campbell- und Roborowski-Zwerghamstern ist die Unterscheidung der Geschlechter schwieriger, da die Merkmale auch noch von Tier zu Tier etwas variieren. So gab mir ein Züchter früher den Tip, zehn Hamster anzusehen und dann die beiden unterschiedlichsten zu nehmen. Bei genauer Betrachtung finden sich aber doch Hinweise:

Bei allen drei Arten ist der Bereich zwischen After und Geschlechtsöffnung beim Weibchen meistens unbehaart, während beim Männchen einige Haare dazwischen stehen.

Das Weibchen hat um die Scheide herum einen blaßvioletten oder -bläulichen Bereich, den man allerdings nur bei guter Beleuchtung sehen kann.

Beide Geschlechter besitzen in der Bauchmitte eine Drüse, die zur Markierung des Reviers dient. Da das Männchen weitaus aktiver markiert, ist seine Drüse oft von Haaren befreit. Das braune Drüsensekret färbt überdies in der Umgebung der Drüse das Bauchfell ein.

Wenn man sehr genau hinsieht, kann man auch bei einem laufenden Männchen die Hoden von oben oder von der Seite erkennen. Beim Campbell-Zwerghamster gibt es zumindest bei den mir bekannten

Zuchten (auch bei meinen eigenen) eine einfache Methode, bei halbwüchsigen und erwachsenen Tieren das Geschlecht zu bestimmen, ohne den Hamster in die Hand zu nehmen: Ich brauche nur den Finger in das Terrarium zu halten. Läuft ein Hamster mit eindeutiger Beißabsicht auf den Finger zu, ist es garantiert ein Weibchen! Oder ich hebe das Nistmaterial über einem schlafenden Campbell hoch und puste ihn an: Wirft er sich unter ärgerlich quäkenden und schnarrenden Lauten abwehrbereit auf den Rücken, habe ich normalerweise das „schwache Geschlecht" vor mir.

Von Eigenbrötlern und Ehepaaren

Für viele Heimtiere gilt, daß sie sich nur in Gesellschaft wohl fühlen, sei es die eines Artgenossen oder als Ersatz dafür die des Menschen. Hamster stellen da eine Ausnahme dar.

Wichtig: Alle Hamsterarten sind von Natur aus Einzelgänger, keine davon bildet Kolonien.

Normalerweise besteht die größte Ansammlung freilebender Hamster aus einem Weibchen mit seinen noch

„Bleib mir vom Leibe!": Goldhamster fühlen sich im Gegensatz zu anderen Nagern als Einzelgänger wohler als in Gemeinschaft

unselbständigen Jungen, ansonsten wird das Revier außer zur Paarungszeit gegen Artgenossen erbittert verteidigt. Lediglich Zwerghamster wurden gelegentlich auch im Freien bei einer ganzjährig paarweisen Lebensweise beobachtet.

Die Einzelhaltung eines Hamsters, gleich welcher Art, ist also keineswegs Tierquälerei. Ein Hamster benötigt keinen Partner, sondern fühlt sich allein durchaus wohl. Es ist aber möglich, Hamster in Paaren oder Gruppen zu halten. Innerhalb der letzten Jahrzehnte hat sich nämlich die Verträglichkeit der gezüchteten Hamster gegenüber Artgenossen sehr gewandelt, da die Züchter möglichst friedliche Tiere bevorzugen, die man in Familiengruppen halten kann. Dadurch haben sich die verträglichen Exemplare eher fortpflanzen können, so daß unsere heutigen Heimtiere deutlich weniger aggressiv sind als ihre wilden Artgenossen. Noch vor wenigen Jahren galt, daß alle **gescheckten Goldhamster** besonders angriffslustig sind und grundsätzlich einzeln gehalten werden müssen, und auch für wildfarbige Goldhamster und Chinesische Streifenhamster empfahl man die Einzelhaltung. Lediglich Russenfarbige, Creme- und Albino-Goldhamster waren auch als erwachsene Tiere gegenüber Artgenossen verträglich.

Mittlerweile hat sich das Bild gewandelt. Zwar treten immer noch unverträgliche Scheckenhamster auf, doch werden die friedlichen immer häufiger. Bei einem Bekannten lebten dann auch ein wildfarbiges Männchen und ein gescheckstes Weibchen harmonisch zusammen, bei mir selbst die umgekehrte Kombination sowie ein gescheckstes Weibchenduo.

Unser Tip:

Wenn Sie zwei junge Goldhamster erwerben, sollten Sie vorsichtshalber einen zweiten Käfig haben. In ihrer Jugend sind nämlich alle Goldhamster friedlich! Wenn sich die erwachsenen Tiere dann doch nicht vertragen, hilft nur die Unterbringung in zwei getrennten Käfigen, sonst bleibt ein Tier früher oder später auf der Strecke.

Chinesische Streifenhamster werden mittlerweile kaum noch in der aufwendigen Einzelunterbringung gehalten, sondern leben meist im Familienverband. Trotzdem sollte man auch bei ihnen für den Eventualfall mit einem zweiten Käufig gewappnet sein.

Dsungarische Zwerghamster lassen sich als Heimtiere zu zweit halten; dabei kann es sich um ein Paar, aber auch um zwei gleichgeschlechtliche Tiere handeln. Sogar erwachsene Tiere lassen sich hier noch aneinander gewöhnen. Allerdings kommt es auch bei dieser Art gelegentlich vor, daß sich zwei Tiere nicht mögen. Man erkennt dies an häufigen Streitereien, die zwar meistens unblutig, aber unter lautem Keifen ausgetragen werden. Trotzdem verläuft das Zusammenleben sonst einigermaßen friedlich.

Der dem Dsungaren nächstverwandte **Campbell-Zwerghamster** ist offensichtlich geselliger. Ich hielt meine Campbells mit gutem Erfolg in Gruppen oder sogar in Kolonien, in denen jedoch die Weibchen stets in der Überzahl waren. Dabei kam es zu keinerlei Störung in der Aufzucht der Jungen, oft säugten sogar zwei Weibchen im gleichen Nest ihre Nachkommen.

Wichtig: Da die Campbell-Weibchen den größeren Männchen gegenüber aggressiv werden können, muß die Behausung bei Gruppenhaltung von vornherein so groß bemessen sein und auch entsprechende Versteckmöglichkeiten bieten, daß das oder die Männchen den Weibchen „aus den Augen gehen" kann bzw. können.

Die Haltung eines echten oder eines gleichgeschlechtlichen Paares wie beim Dsungaren ist auch hier möglich. Auch **Roborowski-Zwerghamster** sind recht verträglich und können zu zweit oder zu mehreren gehalten werden, obwohl sie wie die Dsungaren im Freileben eher monogam veranlagt sind.

Generell gilt: Wer zwei oder gar mehrere Hamster zusammen halten will, sollte sich junge Tiere – möglichst aus dem gleichen Wurf – beschaffen und diese gemeinsam aufwachsen lassen. Es sollte jedoch immer die Möglichkeit bestehen, bei einem ernsthaften Streit ein Tier abzutrennen. Haben sich Hamster einmal zerstritten, kann man sie praktisch nie wieder zusammengewöhnen! (Wie man richtig vorgeht, wenn man fremde Hamster allmählich aneinander gewöhnen will, wird auf Seite 83 ff. ausführlich beschrieben.)

Unser Tip:

Zur Bildung einer verträglichen Gruppe von Zwerghamstern ist es am günstigsten, wenn Sie mit einem Paar beginnen und Jungtiere nach dem Heranwachsen bei den Eltern belassen.

Neugieriger Chinesischer Streifenhamster

37

Hamsterkauf und -heimtransport

Wie kommt man zu einem Hamster?

Dafür gibt es mehrere Möglichkeiten: Man kann im Zoofachhandel nachfragen, in Tageszeitungen unter der Rubrik „Kleintiermarkt" suchen oder zu einem Hobbyzüchter gehen.

Besuch im Zoogeschäft

Am häufigsten werden Hamster im Zoogeschäft gekauft. Dort finden sich stets Goldhamster in unterschiedlichen Farbschlägen – meistens auch Teddyhamster. Wenn Sie sich für einen solchen entscheiden, denken Sie daran, daß er wegen seines langen Fells etwas mehr Pflege braucht als ein normalhaariger.
Zwerghamster finden sich seltener im Handel, am ehesten noch Dsungarische.

Angesichts des buntgemischten Angebots an jungen Goldhamstern (ausgewachsene sind im Zoogeschäft selten zu bekommen) fällt die Wahl zunächst schwer, vor allem, wenn die Tiere allesamt in der Ecke liegen und schlafen, was sie tagsüber meistens tun. Die richtige Zeit für den Goldhamsterkauf ist daher der späte Nachmittag.

Falls die Hamster noch nicht wach sind, bitten Sie den Zoohändler, sie vorsichtig zu wecken. Es bringt nichts, mit dem Finger am Gitter zu lärmen oder gegen die Scheibe zu klopfen, denn das sind die Tiere längst gewohnt und reagieren kaum noch darauf.

Auf die „sanfte" Art geweckte Hamster lassen sich besser beurteilen als gewaltsam aus dem Schlaf gerissene, die nur Flucht- und Abwehrgedanken haben.

Kauf per Annonce...

Auch über eine Zeitunganzeige können Sie zu Ihrem neuen Hausgenossen kommen, allerdings werden hier überwiegend ältere Tiere abgegeben, dann sogar meistens mit Käfig. Wenn Sie nicht unbedingt ein junges Tier suchen, dann gönnen Sie einem dieser manchmal regelrecht abgeschobenen Hamster einen geruhsamen Lebensabend bei Ihnen.

... oder beim Hobbyzüchter

Hier bekommen Sie in der Regel besonders vitale und oft schon zahme Junghamster. Die Hobbyzüchter haben oft verschiedene Arten und Rassen von Hamstern, die sie auch inserieren, manche allerdings nur in Fachzeitschriften wie der „Geflügelbörse". Dort finden sich außerdem Anzeigen

Unser Tip:

Pusten Sie vorsichtig in das schlafende Völkchen hinein (nicht stoßweise, das ruft höchstens Abwehr hervor), dann recken sich auf einmal die Näschen, und schlaftrunkene Augen blinzeln Ihnen entgegen.

Seltene Farbschläge bekommt man fast nur über Hobbyzüchter

von Großzuchten, doch gibt nicht jede davon auch an Privatinteressenten ab; sie sind spezialisiert auf die Belieferung von Händlern.

39

Wenn der Hamster für Ihr Kind ist …

In diesem Falle sollten Sie erst den Käfig kaufen und ihn für den Hamster bezugsfertig einrichten. Dann zeigen Sie Ihrem Kind den Käfig mit den Worten: „Ich möchte dir einen Hamster schenken. Aber ich habe ihn noch nicht mitgebracht, denn du sollst ihn dir selbst aussuchen!" Auf diese Weise entwickelt das Kind von Anfang an eine engere Beziehung zu seinem Tier, denn es ist eben wirklich „sein" Tier und nicht nur das Geschenk seiner Eltern. Außerdem lernt es nebenbei, daß vor der Anschaffung eines Tieres das notwendige Pflegezubehör vorhanden sein muß und nicht erst nach und nach dazugekauft werden darf.
Falls das Kind wider Erwarten keine Begeisterung zeigt, haben Sie bei diesem Vorgehen nicht das Problem, ein

anderes Zuhause für einen schon vorhandenen Hamster suchen zu müssen. Käfig und Zubehör finden bestimmt ihre Abnehmer, dem Tier aber ist auf diese Weise eine Menge Streß erspart geblieben.

Wichtig: Zu guter Letzt noch ein eigentlich selbstverständlicher Hinweis: Ein Hamster ist kein Überraschungsgeschenk, weder zum Kindergeburtstag noch zu Weihnachten oder zu einem anderen Fest! Unzählige Tiere sind schon in Tierasylen gelandet oder in der angeblich „freien" Natur elend umgekommen, weil die Freude schnell schwand.

Gesundheitscheck

Natürlich ist die Versuchung groß, aus dem bunten Hamstergewimmel in der Zoohandlung spontan das Tier auszuwählen, dessen Farbe oder dessen Munterkeit Ihnen besonders gefällt. Sie sollten sich jedoch die Zeit zu einer längeren Beobachtung nehmen, sonst können Sie ein krankes Tier erwischen, an dem Sie nicht viel Freude haben werden.
Nachfolgend seien die wichtigsten Dinge aufgeführt, auf die Sie achten sollten.

40

Checkliste **Das brauchen Sie an Hamsterzubehör**

◆ *Käfig oder Terrarium*

◆ *Schlafhäuschen (für Goldhamster: Wellensittich-Nistkasten, da „Hamster - häuschen" für ihn zu klein und nur für Zwerghamster geeignet)*

◆ *Laufrad (möglichst groß; für Zwerghamster ist ein Laufrad nicht unbedingt notwendig)*

◆ *Futternapf*

◆ *Tränkflasche (soweit benötigt; siehe Seite 74)*

◆ *Klettermöglichkeiten (z.B. Holzleitern für Goldhamster)*

◆ *Einstreu*

◆ *Nistmaterial*

◆ *Körnerfuttermischung (für Gold- und Zwerghamster sehr unterschiedlich, siehe Seite 61)*

◆ *Grünfutter*

◆ *Transportkäfig oder -box*

◆ *für Teddyhamster: grob-, aber stumpfzinkigen Kamm und stumpf endende Schere für die Fellpflege*

Die Sinnesorgane

Die Augen sind bei einem gesunden Hamster voll geöffnet und glänzen, ihre Umgebung ist sauber und trocken. Bedenken Sie, daß ein gerade aufgewachtes Tier seine Augen noch einige Zeit nur halb öffnet.

Wichtig: Trübungen der Augen deuten auf eine nachfolgende Blindheit hin (kommt glücklicherweise meistens erst bei alten Hamstern vor). Ist die Augenumgebung feucht, verklebt oder gar verschorft, liegt eine Augenentzündung vor.

Die Nase soll frei von Ausfluß sein.

An den Ohren dürfen ruhig kleinere Kerben zu sehen sein. Ein nicht makelloser Ohrenrand ist zwar ein kleiner Schönheitsfehler, bedeutet aber keine Beeinträchtigung von Gehör und Gesundheit. Anders sieht es aus, wenn das Innere der Ohrmuschel verletzt ist. Das ist nicht nur eine mögliche Infektionsquelle, sondern außerdem wird das Hören erheblich erschwert.

Das Hinterende des Hamsters muß sauber und trocken sein. Feuchtes oder verschmutztes Fell ist ein Zeichen von Krankheit!

Das Fell

Es sollte glatt und glänzend und ohne kahle Stellen sein. Hamster, die sich minutenlang kratzen, haben wahrscheinlich Hautparasiten oder -pilze. Auch hier gilt: Ein gerade aufgestandener Hamster kann etwas unordentlich aussehen, speziell wenn er zwischen seinen Artgenossen geschlafen hat. Er ist jedoch bald bestrebt, sein Fell wieder in Ordnung zu bringen.

An heißen Tagen kann das Hamsterfell etwas fettig und strähnig wirken. Solche Tage sind aber wegen der dann ausgeprägten Trägheit der Tiere ohnehin kaum gute Kauftage.

Besondere Beachtung gebührt natürlich dem Fellzustand der langhaarigen Teddyhamster. Ihr Fell ist aufgrund seiner Länge selten „glatt", es darf aber nicht verfilzt oder gar mit Kot verklebt sein.

Schwanz und Afterregion

Häufig liest man die Bemerkung, ein gesunder Hamster würde seinen *Schwanz* stets hochgereckt tragen. (Dabei sind ausschließlich Goldhamster gemeint.) Es gibt aber nur zwei Situationen, in denen ein Goldhamster seinen Schwanz hochreckt, also senkrecht stellt: wenn ein Weibchen ein Männchen zur Paarung auffordert und wenn ein Tier einem frem-

▬▬▬ *Den Bauch an den Boden gedrückt, den Kopf gespannt vorgestreckt: So bewegen sich Goldhamster in fremder Umgebung*

den oder ranghöheren Hamster gegenüber sein Hinterteil präsentiert (Beschwichtigungsgeste). Ein gesunder Hamster läßt seinen Schwanz aber keinesfalls hängen, sondern trägt ihn waagerecht.

▬▬▬ Die *Aftergegend* ist bei einem gesunden Hamster trocken und sauber. Ein kotverschmiertes Hinterteil weist auf eine schwere Erkrankung des Verdauungstraktes hin. Hat ein Tier dieses Symptom, so sind unter Umständen auch seine Käfiggenossen bereits angesteckt, und man sollte auf einen Kauf in diesem Laden verzichten, auch wenn's schwerfällt.

Unser Tip:

Denken Sie bei der Beurteilung eines Hamsters daran, daß die verschiedenen Hamsterarten unterschiedliche Bewegungsweisen haben. Gold- und Streifenhamster laufen eher gemächlich mit langgestrecktem Körper, Dsungarische, Campbell- und Roborowski-Zwerghamster huschen mehr und haben eine gedrungene Gestalt. Sie wirken zwar rundrückig, aber keineswegs katzbucklig. Ein hundertprozentig wacher Hamster, der sich im Zeitlupentempo bewegt und dabei den Körper kaum vom Boden hebt, ist nicht gesund.

43

Auf die Bewegungen achten

Aus der Art der Bewegungen läßt sich auch auf den Gesundheitszustand eines Hamsters schließen. Läuft er steifbeinig, auffallend hochbeinig oder mit Katzenbuckel, ist er krank. Es ist auch kein gutes Zeichen, wenn er bei der Körperpflege mehrfach das Gleichgewicht verliert.

Wichtig: In ihnen fremder Umgebung bewegen sich die meisten Hamster betont vorsichtig, den Bauch fest an den Untergrund gepreßt. Im Gegensatz zu kranken Tieren bewegen sie aber dabei den Kopf ständig, um die neuen Eindrücke aufzunehmen, und „überdehnen" ihren Körper voller Anspannung.

Apathie – ein Zeichen schwerer Krankheit

Läßt sich ein wacher Hamster, der Sie nicht kennt, von Ihnen ohne Gegenwehr auf den Rücken drehen und bleibt er dann liegen, sollten Sie ihn keinesfalls kaufen. Wenn er dabei aber intensiv Ihre Finger beschnuppert und sich deutlich dafür interessiert, handelt es sich lediglich um ein besonders friedfertiges Tier.

Roborowski-Zwerghamster machen immer einen etwas nervösen Eindruck, sie haben „Hummeln im Hin-

tern". Ein Robo, der sich langsam und bedächtig bewegt, ist nicht in Ordnung.

Schönheitsfehler

Darauf, daß das auserkorene Tier keine offenen Wunden haben sollte, brauche ich wohl nicht extra hinzuweisen. Verheilte und vernarbte Wunden an einem sonst munteren und gesunden Hamster stellen jedoch keine Gefahr dar – im Gegenteil – sie zeugen sogar von Robustheit.

Falls Sie ein solcher Schönheitsfehler nicht stört, können Sie dem betreffenden Nager ein trauriges Los ersparen, wenn sie ihn zu sich nehmen, denn derartig „fehlerhafte" Tiere finden selten Käufer und bleiben entweder ihr ganzes Leben lang in der Zoohandlung oder werden irgendwann von einem Schlangenliebhaber als Futtertiere billig aufgekauft.

Auch eine verheilte Verstümmelung an einem sonst völlig gesunden Hamster muß nicht dessen Munterkeit und Anhänglichkeit beeinträchtigen. Ich besaß einmal einen Goldhamster, dem ein Vorderbein bis zum Ellbogengelenk fehlte. Er putzte sich mit der anderen Vorderpfote eben ausgiebiger und stützte sich beim Gehen auf den Stumpf. Da er sein Futter nicht zwischen den Pfoten halten konnte, fraß er wie ein Meerschweinchen ohne Zuhilfenahme der Gliedmaßen. Trotz seiner Behinderung habe ich viel Freude an ihm gehabt!

Unser Tip:

Wenn Sie einen weiteren Heimweg haben, brauchen Sie ein stabiles Transportgefäß wie ein Holzkistchen oder eine Blechdose mit Luftlöchern. Bei einer Pappschachtel besteht nämlich die Gefahr, daß der Hamster sich durchnagt oder mit dem vor Aufregung abgegebenen Urin die Pappe durchtränkt.

Transportbox für kleine Nagetiere

Übersiedlung ins neue Zuhause

Wenn Sie sich für ein Tier entschieden haben, wird der Zoohändler es herausfangen und in eine Faltschachtel mit Luftschlitzen setzen, die für kurze Transporte ausreicht.

In dem Transportbehälter sollte ein wenig Einstreu sein, die die Exkremente aufnehmen kann und gleichzeitig als Polster dient. Es gibt auch im Zoohandel geeignete Transportgefäße, von denen Sie eines beim Hamsterkauf

gleich dazunehmen können. Es leistet auch später noch gute Dienste, etwa wenn Sie den Käfig reinigen und dabei den Hamster in Sicherheit wissen wolle oder auch bei einem notwendigen Gang zum Tierarzt. Bewährt haben sich bei mir vor allem die in letzter Zeit häufig angebotenen kleinen Kunststoff-Aquarien mit luftdurchlässiger Abdeckung und Tragegriff, die es in verschiedenen Größen gibt. Auch ein sogenannter Kanarienbauer, ein kleiner Gitterkäfig für Kanarienvögel, kann zweckentfremdet werden.

Wichtig: Schützen Sie das Transportgefäß auf dem Weg nach Hause gut vor Regen, Wind und direkter Sonne.

Das Hamsterheim

Wohin mit dem Hamsterheim?

Für die Wahl des richtigen Standortes von Käfig oder Terrarium sind folgende Kriterien zu berücksichtigen:

♦ Alle Hamster leiden unter lauter Musik (auch unter Baßvibrationen)
♦ Räume, in denen gekocht oder geraucht wird, sind für Hamster ungeeignet

■■■ *Die „Grundmöblierung" eines Goldhamsterkäfigs: Wichtig ist vor allem ein der Größe eines ausgewachsenen Hamsters angepaßtes Schlafhäuschen, weshalb sich der abgebildete Wellensittich-Nistkasten besser eignet als handelsübliche, aber zu kleine „Hamsterhäuschen"*

♦ Goldhamster sollten nicht in Räumen gehalten werden, in denen die Temperatur unter 18° sinkt (Zwerghamster sind etwas „kältefester")
♦ Roborowski-Zwerghamster vertragen keine hohe Luftfeuchtigkeit
♦ Besonders Goldhamster benötigen tagsüber einen sehr ruhigen Platz
♦ Der Käfig sollte erhöht aufgestellt werden, nicht auf dem Boden (Fußbodenkälte!)
♦ Der Käfig sollte weder direkter Sonneneinstrahlung (Überhitzungsgefahr!) noch Zugluft (Standort mit Kerzenflamme prüfen: flackert sie, kommt er nicht in Frage) ausgesetzt sein
♦ Der Käfig sollte mindestens an einer Seite „Rückendeckung" haben, also z.B. an einer Wand stehen, da sich Hamster sonst nicht wohl fühlen.

◆ Speziell Goldhamster können nachts Geräusche produzieren (durch Nagen, Scharren, Laufen im Laufrad)
◆ Die Behausung (Käfig oder Terrarium) muß fest auf ihrem Untergrund stehen, damit sie nicht durch die Aktivitäten der Hamster ins Wackeln gerät, wodurch Lärm entsteht, der vor allem nachts sehr stört (läßt sich durch eine Schaumstoffunterlage vermeiden)

Beachtet man alle diese Punkte, wird deutlich, wo sich der ideale Käfigstandort befindet: auf einem Tisch oder einem Unterschrank im Wohnzimmer, in dem nicht geraucht und Musik nur leise (oder sonst über Kopfhörer) gehört wird, möglichst nicht in direkter Nähe zu Fenstern sowie zu elektronischen Geräten („Elektrosmog").

Käfig oder Terrarium?

Um Gold- und Zwerghamster artgerecht zu halten, stehen zwei Grundtypen der Unterbringung zur Auswahl:
◆ Gitterkäfig
◆ Terrarium

Der Käfig
Der Zoohandel bietet eine große Palette verschiedener Käfige an. In den letzten Jahren hat sich hierfür der Begriff

„Hamsterheim" durchgesetzt (ebenso „Vogelheim" statt „Vogelkäfig"), was nicht so sehr nach Gefangenhaltung klingt. Vom Sinn her ist diese neue Bezeichnung auch völlig richtig, soll doch dem Tier ein artgerechtes Zuhause geboten werden. Doch nicht jedes dieser käuflichen „Hamsterheime" verdient diesen Namen auch wirklich. Einige sind nämlich eher „Hamsterzwinger"!

Die richtige Größe
Leider glauben viele Menschen, daß für ein großes Tier ein großer Käfig und für ein kleines Tier ein kleiner Käfig richtig ist. Diese Menschen protestieren unter Umständen energisch gegen zu kleine Zookäfige und -gehege, finden aber nichts dabei, ihren Goldhamster auf einer DIN-A4-großen Grundfläche zu „kasernieren".

Wichtig: Ein Hamsterkäfig muß vor allem ausreichend groß sein! Denn wir dürfen nicht vergessen, daß Gold- und Zwerghamster im Freileben bei der Nahrungssuche weite Strecken zurücklegen, sie sind trotz ihrer geringen Körpergröße Lauftiere. In Menschenobhut bekommen sie ihr Futter vor die Nase gesetzt und müssen deshalb ihren Lauftrieb anderweitig abreagieren.

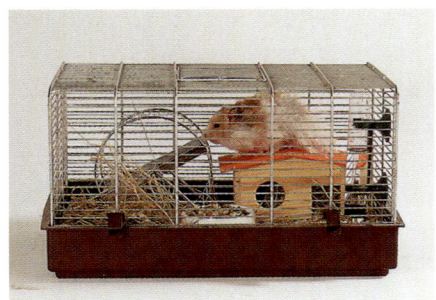

▬▬▬ *Goldhamsterkäfige dieser Größe sind nicht artgerecht, sondern „Batteriehaltung"!*

▬▬▬ *Elegant, aber bedenklich: Hamsterfüßen bekommt das Laufen auf Gitterrosten nicht gut!*

Einige im Handel befindliche Goldhamsterkäfige sind leider so klein, daß, sobald Schlafkästchen, Laufrad und Futternapf hineingestellt werden, kaum noch Platz für einen ausgewachsenen Goldhamster bleibt. Einen solchen Käfig sollten Sie auf keinen Fall kaufen.

Wichtig: 60 cm Seitenlänge ist das Mindestmaß für die Abmessungen eines Goldhamsterkäfigs, noch größer wäre noch besser.

Einige handelsübliche Käfigmodelle gleichen die relativ kleine Grundfläche durch eine zweite Etage im Käfig aus. ein recht guter Kompromiß. Der eingelegte Boden dieser Etage sollte aber z.B. aus Holz bestehen und nicht aus Gittermaterial, denn darauf laufen die Hamster nicht so gern. Aus dem gleichen Grund lehne ich auch ein über dem Käfigboden angebrachtes Gitter, durch das die Exkremente fallen sollen, ohne daß der Hamster noch einmal damit in Berührung kommt, ab. Für ein baumbewohnendes Tier (etwa ein Hörnchen) mag das gehen, da es das Balancieren auf schmalen Unterlagen gewohnt ist, aber für einen Bodenbewohner wie den Hamster ist ein solcher Untergrund völlig ungeeignet. Bei *Zwerghamstern* richtet sich die Käfiggröße in erster Linie danach, ob Sie ein Einzeltier oder ein Paar halten wollen. Interessanterweise brauchen zwei Tiere eher weniger Platz als eines! Harmonierende Zwerghamsterpaare (auch gleichgeschlechtliche) beschäftigen sich nämlich sehr viel miteinander und reagieren auf diese Weise den Großteil ihres Bewegungstrie-

Die „Stockwerke" in Etagen-käfigen sollten aus Holz oder Kunststoff bestehen

bes auch auf kleinem Raum ab. Daher reichen für diese Pärchen meist Käfiglängen von 40 bis 50 cm.

Wichtig: Einzeln gehaltene Zwerghamster benötigen zum Sichaustoben den gleichen Platz wie einer der viel größeren Goldhamster!

Unter den verschiedenen Arten gibt es dabei auch unterschiedliche Temperamente. Die kleinsten Hamster – die Roborowski-Zwerghamster – lieben es, stundenlang im Käfig herumzulaufen. Entsprechend groß ist ihr Platzbedarf, denn ein Laufrad benutzen die Winzlinge nicht so gern.

Dsungarische und Campbell-Zwerghamster sowie Chinesische Streifenhamster toben sich dagegen gern durch Klettern aus. Auch wenn sich die beiden erstgenannten Arten nicht sonderlich geschickt dabei anstellen, machen sie das durch ihre Begeisterung wett.

Wichtig: Achten Sie auf den Abstand zwischen den Gitterstäben, wenn Sie einen Hamsterkäfig kaufen. Für Hamster (und andere kleine Nager) gilt nämlich das gleiche wie für Katzen: Wo der Kopf hindurchpaßt, paßt der Rest auch noch durch! Für Goldhamster hat sich ein Abstand zwischen den Streben von 1 cm bewährt, für Zwerghamster sollten es nur 6 bis 8 mm sein.

Diese Lücke im Gitter der Käfigtür ist groß genug, um sehr jungen Goldhamstern und sogar fast ausgewachsenen Zwerghamstern ein Entkommen zu ermöglichen! Verschließen Sie sie am besten mit einem Stück Blumendraht

Andere Käfige

▓▓▓▓ Manche *Vogelkäfige* lassen sich für die Haltung von Hamstern, besonders von Goldhamstern, zweckentfremden. Sehr geeignet sind dafür die sogenannten Doppelkäfige, die durch einen Gitterschieber in zwei Abteile aufgeteilt sind. Nimmt man den Schieber heraus, bleibt ein schöner großer Käfig, der meistens auch (da ursprünglich in erster Linie für Wellensittiche gedacht) überwiegend querverdrahtet ist. Geschickte Heimwerker können hier auch ohne große Mühe noch eine zweite Etage einziehen. Zweckentfremdete Vogelkäfige haben allerdings einen Nachteil, und das ist ihre Höhe. Hamster hangeln nämlich auch gern unter dem Deckengitter und stürzen dabei unter Umständen schon einmal ab. Je tiefer der Sturz, desto höher aber auch die Verletzungsgefahr! ▓▓▓▓ *Meerschweinchen-* und *Kaninchenkäfige* sind wegen des zu großen Gitterabstandes für die Hamsterhaltung unbrauchbar.

Schönheit allein ist nicht alles
Auch wenn der Zoohandel eine Vielzahl von Hamsterkäfigen anbietet, sind doch die wenigsten für eine artgerechte Haltung geeignet. Daß so viele Goldhamster in für sie ungeeigneten Käfigen leben müssen, ist aber nicht allein

die Schuld des Handels; solange die meisten Heimtierhalter einen Hamsterkäfig passend zur Wohnungseinrichtung und zum Geldbeutel aussuchen statt sich nach den Ansprüchen des Tieres zu richten, wären Handel und Hersteller dumm, wenn sie die Nachfrage nach möglichst kleinen, möglichst billigen und möglichst bunten Käfigen nicht befriedigen würden. Zoohändler klagen häufig darüber, daß Kunden in der Käfigfrage überhaupt nicht beraten werden *wollen;* wenn schon „Hamsterheim" dransteht, dann muß es doch wohl artgerecht sein! Gerade Goldhamstern werden immer wieder Käfige zugemutet, in denen sie zwar überleben, sich aber nicht wohl fühlen können. Bitte führen Sie sich dies vor Augen, bevor Sie sich ausschließlich aus ästhetischen Gründen für einen bestimmten Käfig entscheiden; dem Hamster nützt das schönste Aussehen nichts, wenn er darin das Leben eines Batteriehuhns führen muß.

Die Farbe des Käfigs ist dem Hamster völlig unwichtig – was bedeutet, daß Sie wenigstens in dieser Hinsicht Ihren Wünschen freien Lauf lassen können. Wählen Sie allerdings ein Modell mit gold- oder silberglänzendem oder hell beschichtetem Gitter, so schneiden Sie sich ins eigene Fleisch! Helle und glänzende Oberflächen reflektieren das Licht stark und fangen den Blick ab; dunkles Gitter hingegen gestattet einen guten Durchblick (schließlich wollen Sie doch den Hamster beobachten und nicht den Käfig!). Wem dies „spanisch" vorkommt, der sei an ein alltägliches Beispiel erinnert: Die dunklen Heizdrähte in einer Autoheckscheibe behindern den Durchblick nicht; wären sie glänzend hell, würden sie wie eine weiße Gardine den Blick abfangen!

Das Terrarium

Unter den Begriff „Terrarium" fallen außer den „echten" Terrarien auch Aquarien und Holzterrarien, wobei sich letztere leicht selbst bauen lassen. Ein Terrarium bietet für die Hamsterhaltung folgende **Vorteile:**

◆ Keine Sichtbehinderung durch Gitter
◆ Keine herausfliegende Einstreu
◆ Keine Fluchtgefahr bei Junghamstern, die sonst durch die Gitterstäbe entweichen könnten (Mit diesem Problem hat man bei Gitterkäfigen in erster Linie bei Zwerghamstern zu kämpfen.)

Als **Nachteile** des Terrariums gegenüber dem Gitterkäfig sind zu nennen:
◆ höheres Gewicht und damit natürlich auch schlechtere Transportmöglichkeit
◆ höherer Reinigungsaufwand, da verschmutzte Scheiben und keine entnehmbare Bodenwanne
◆ schlechtere Luftzirkulation (hauptsächlich bei umfunktionierten Aquarien)
◆ fehlende Klettermöglichkeit

Von der Werbung als Kleintierheim gepriesen, jedoch für Goldhamster zu klein: Solche Kunststoffterrarien eignen sich nur für die vorübergehende Unterbringung von Goldhamstern. Ihre größte Ausführung ist jedoch für Zwerghamster bedingt geeignet

Besonders die beiden letzten Punkte verdienen Beachtung. Da verbrauchte Luft feuchter und schwerer ist als frische, sammelt sie sich am Boden des Terrariums. Die Kombination von Feuchtigkeit und den Exkrementen des Hamsters schafft wiederum ideale Lebensbedingungen für Bakterien. Außerdem „stinkt" es den Hamstern mit zunehmender Luftverschlechterung natürlich, und es ist ein Alarmzeichen, wenn sie stets bemüht sind, sich auf erhöhten Punkten im Terrarium aufzuhalten oder gar dort zu schlafen. In den käuflichen *Glasterrarien* entsteht dieses Problem kaum, da sie Lüftungsgitter besitzen und auch die Schiebescheiben der Vorderfront mit Absicht nicht luftdicht abschließen. Bei einem zweckentfremdeten *Aquarium* müssen Sie im Hinblick auf ausreichende Belüftung darauf achten, daß die Oberfläche nicht im Mißverhältnis zur Höhe steht. Dabei gilt als Faustregel, daß das Aquarium nicht höher als breit sein soll. Ein Aquarium von 60 x 30 cm Fläche sollte also nicht höher als 30 cm sein.

Die Bewegungsfreiheit des Hamsters im Terrarium wird durch das Fehlen der Klettermöglichkeiten am Gitter eingeschränkt. Daher muß ein Terrarium für den gleichen Hamster größer sein als ein Gitterkäfig, damit man

Unser Tip:

Bei Streifen- und vor allem bei Goldhamstern sollten Sie wegen deren Springfähigkeit das Aquarium generell mit einem Gitterdeckel absichern. Einer meiner Goldhamster sprang aus einem 40 cm hohen Glasaquarium hinaus!

Klettermöglichkeiten in Form von Steinen, Ästen usw. unterbringen kann. Laufräder gibt es sowohl für die Anbringung am Gitter als auch an Glasscheiben (per Saugnapf), außerdem auch solche zum Aufstellen. Ebenso bekommt man Trinkröhrchen mit unterschiedlichen Halterungen.

Die richtige Größe

Ein Terrarium – gleich welcher Art – für Goldhamster sollte die Abmessungen 80 x 40 x 40 cm nicht unterschreiten. Streifenhamster benötigen 50, besser noch 60 cm Frontlänge. Die übrigen Zwerghamsterarten brauchen vor allem freien Raum zum Laufen, dann können sie auch auf das Klettern verzichten. So habe ich in Terrarien von 40 x 25 x 25 cm mit bestem Erfolg Paare von Dsungarischen, Campbell- und Roborowski-Zwerghamstern gehalten, die sich trotz einfachster Einrichtung ihrer Behausung (Einstreu, Schlafnest, Futternapf) „pudelwohl" gefühlt haben und regelmäßig Junge bekamen.

Für die letztgenannten Arten müssen die Terrarien von 25 cm Höhe nicht abgedeckt werden, da sie nur ein paar Zentimeter hoch hüpfen können (es dürfen natürlich keine erhöhten Gegenstände als Sprungbrett dienen!)

Hamsterheim selbstgebaut

Als Bastler können Sie auch für wenig Geld ein schönes und zweckmäßiges Hamsterterrarium selbst bauen. Sie brauchen dafür als Grundmaterial

♦ Holzplatten
♦ eine Glasscheibe
♦ Gitter
♦ einen Bohrer
♦ Silikonmasse

Aus den Holzplatten werden Boden, Rückwand und Seitenwände gefertigt. Dabei verwende ich mit gutem Erfolg weiß beschichtete Spanplatten mittlerer Stärke (aus denen auch z.B. Küchenmöbel hergestellt werden). Dieses Material ist wasserfest, leicht zu reinigen und bietet wegen seiner Glätte keinen Ansatzpunkt für die Nagezähne der Hamster.

Wichtig: Sind die Holzplatten zusammengeschraubt, müssen alle Fugen mit transparenter Silikonmasse verfugt werden, damit kein Urin in das Holz eindringen kann.

Für die Vorderfront benutze ich eine Glasscheibe, die ich zweckmäßigerweise nicht fest einklebe, sondern in Führungsschienen setze, so daß sie sich nach oben herausziehen läßt. Das erleichtert die Reinigung sowohl des Terrariums als auch der Frontscheibe erheblich. Für die Oberseite bastle ich noch einen aufklappbaren Gitterdeckel, und fertig ist das Terrarium!

Unser Tip:

Mit etwas Geschick läßt sich ein solches Holzterrarium auch für eine Zimmerecke bauen, wobei sie aber die spitzen Winkel des Dreiecks etwas kappen sollten. Tun Sie das nicht, verlocken Sie nämlich den Hamster dazu, diesen „Eingang" (alles Trichterförmige ist in Hamsteraugen ein Höhleneingang) zu erweitern. Das Ergebnis: Der Hamster sitzt stundenlang in der Ecke und scharrt und nagt unentwegt. Das wollen wir lieber vermeiden.

Hände weg von Röhrensystemen

Seit einigen Jahren bietet der Handel Bausteinsysteme aus Kunststoff an, bei denen man aus durchsichtigen Röhren, Kugeln und Quadern einen angeblich idealen Tummelplatz für Goldhamster beliebig zusammenstellen kann. Das Ergebnis erinnert etwas an eine Raumstation, und es ist doch verwunderlich, daß nicht gleich noch ein Miniastronautenanzug für den Hamster beigelegt wird, in den man das Tier zum Spielen hineinquälen kann.

Um es in aller Deutlichkeit zu sagen: Mit guter Tierhaltung haben diese Röhrensysteme nichts zu tun, allenfalls Kakerlaken würden sich darin wohl fühlen!!

Abgesehen davon, daß der Hamster ständig von allen Seiten beobachtet werden kann und keine Rückzugsmöglichkeit hat, ist die Belüftung der „Raumkammern" so schlecht, daß ein ideales Klima für Pilze und Bakterien entsteht. Ich erinnere daran, daß der Goldhamster ein Bewohner trockenwarmer Klimate ist; das Röhrensystem verwandelt sich aber allein durch die in der Atemluft des Hamsters enthaltene Feuchtigkeit in ein Minigewächshaus!

Unterbringungen dieser Art sind lediglich Geldmacherei der Herstellerfirmen; genausogut könnte man den Hamster in einer Vase halten. Bitte boykottieren Sie derartige Unsinnigkeiten und kaufen Sie sie nicht, auch wenn Ihr Kind davon ganz begeistert ist! Wenn Sie Ihrem Hamster (und Ihrem Kind) ein „Röhrenerlebnis" bieten wollen, dann beschaffen Sie sich einen zweiten Hamsterkäfig und verbinden ihn mit dem ersten durch Ton- oder Kunststoffröhren – oder statten Sie einen von vornherein ausreichend großen Käfig bzw. ein Terrarium mit derartigen Röhren oder den an anderer Stelle empfohlenen Langlochziegeln aus (siehe Seite 59).

Einrichtung und Zubehör

Wie schon mehrfach angesprochen, ist für ein Tier nicht nur die Größe, sondern vor allem die artgerechte Einrichtung seiner Unterkunft wichtig. Welches aber sind nun die Bedürfnisse unseres kleinen Hausgenossen?
Wir erinnern uns: Hamster sind sehr aktive Tiere, die gern laufen, graben und – je nach Art verschieden – klettern. Sie brauchen aber auch eine Rückzugsmöglichkeit, um ungestört schlafen zu können.

Einstreu
Für Hamster ist die handelsübliche Kleintierstreu aus Hobelspänen am besten (Sägemehl ist völlig ungeeignet!). Sie bindet nicht nur den Hamsterurin gut, sondern regt in ihrer Beschaffenheit auch zum Buddeln an; außerdem suchen sich viele Hamster die längeren Späne zum Nestbau heraus.

Wichtig: Kaufen Sie Hobelspäne nicht direkt beim Tischler, denn da sind sie häufig sehr staubig (Gesundheitsgefahr für Hamster und Mensch, Allergieauslöser!), mit chemisch behandelten Holzresten durchsetzt und enthalten manchmal Fremdkörper (Flaschen- und Getränkedosenverschlüsse, Silberpapier).

Die langhaarigen Teddyhamster wirken bei der Haltung auf Hobelspänen allerdings wie wandelnde Handfeger, die Späne verfangen sich leicht in ihrem feinen Fell. Hier ist tägliche Fellpflege Pflicht. Eine Alternative stellt die Haltung von Teddyhamstern auf Katzenstreu dar (was natürlich auch für normalhaarige Goldhamster möglich ist); dieses Material verursacht jedoch bei den nächtlichen Scharraktivitäten wesentlich mehr Lärm.
Roborowski-Zwerghamster sind spezialisierte Sandwüstenbewohner; sie lassen sich nur auf Hobelspänen (Katzenstreu ist für Zwerghamster zu grob) halten, wenn diese peinlichst genau auf mögliche Durchfeuchtung (Exkremente, Grünfutter) hin kontrolliert werden. Zu feuchtes Mikroklima führt bei „Robbys" schnell zu Augenentzündungen und Erkältungen! Alternativ ist hier eine Haltung auf Vogelsand (1 bis 2 cm dicke Schicht) mit einer Beimischung aus Talkumpuder (in der Apotheke erhältlich) möglich. Auch der Sand muß natürlich vor Durchfeuchtung bewahrt und regelmäßig gewechselt werden!

Schlafplatz
Alle Hamster graben sich im Freileben unterirdische Gänge und Schlafkammern. Auch in menschlicher Pflege

benötigen sie deshalb einen sicheren Schlafplatz. Im Zoohandel werden die unterschiedlichsten Typen sogenannter Hamsterhäuschen angeboten, die in erster Linie für Goldhamster gedacht sind. Solche aus Plastik lehne ich grundsätzlich ab, da sich in ihnen Schwitzwasser bildet, was die Gesundheit der Hamster beeinträchtigt. Zudem ist es für die Tiere nicht ganz ungefährlich, wenn sie den Kunststoff anknabbern. Hamsterhäuschen aus Holz sind da wesentlich besser, aber meiner Erfahrung nach nur anfangs. Ein junger Goldhamster hat in den üblichen Nestkästen zunächst reichlich Platz. Mit dem Heranwachsen aber wird es für ihn immer enger, und aus dem Hamsterhäuschen wird ein regelrechtes „Hamsteretui".

Wichtig: Denken Sie daran, daß nicht nur der Hamster selbst im Kästchen Platz haben muß, sondern auch noch Nistmaterial und sein Hamstervorrat. Bei Teddyhamstern leidet zudem noch das lange Fell, wenn sie nicht genug Platz haben.

Unser Tip:

Verwenden Sie Wellensittich-Nistkästen. Sie bieten reichlich Platz und haben dazu den großen Vorteil, daß man ihr Dach aufklappen kann, um zu kontrollieren, ob der Hamster verderbliche Futtermittel eingelagert hat. Da sie im Gegensatz zu den meisten Hamsterhäuschen über einen Boden verfügen, lassen sie sich bei der Käfigreinigung auch mitsamt Nistmaterial und schlafendem Hamster herausnehmen. Das relativ große Dach bildet zudem einen guten Stellplatz für den Futternapf, er kann dort nicht unter Einstreu verschüttet werden.

Nistmaterial
Als Nistmaterial sind viele Stoffe geeignet. So verwende ich **Heu, trockenes Gras** und **Laub** sowie **Zellstoff** (in

Form von unparfümierten Papierta-
schentüchern), außerdem suchen sich
die Hamster aus der Einstreu die längeren Hobelspäne zusammen.

Wichtig: Ich warne ausdrücklich vor
der Verwendung der sogenannten
Hamsterwatte, wie sie in jedem Zoogeschäft als angeblich ideal angeboten
wird. Die dünnen Fäden dieses „Ham-
sterbettzeugs" können erwachsenen
Hamstern einzelne Zehen und Nestlin-
gen ganze Gliedmaßen abschnüren!

Goldhamster bleiben normalerweise in
einem Nest, wenn sie es erst einmal
angenommen haben. Zwerghamster
hingegen ziehen gern ab und zu mit
ihrem Bettzeug um. Meine Zwerghamster haben bisher alle die angebotenen
Höhlen verschmäht, lediglich eine lie-
gende hohle Rinde als Dach wurde
manchmal akzeptiert. Sie bevorzugen
es, sich einfach eine Mulde in die Einstreu zu graben und sie mit etwas Nistmaterial auszupolstern. In derart offenen Nestern bekommen sie auch ihre
Jungen, und es stört sie absolut nicht,
daß man jederzeit Einblick in die Kin-
derstube hat. Beim Umzug mit dem
Nest sind sie bei der Wahl des neuen
Standortes anscheinend wenig wähle-
risch; ich fand schon Nester in der Klo-
Ecke und sogar im Futternapf!

Laufrad
In jeden Goldhamsterkäfig gehört ein
Laufrad. Es ist falsch zu behaupten,
der Hamster würde durch das ständige
Laufen verblöden; es bereitet ihm viel-
mehr einen Heidenspaß! Allerdings
gibt es auch unter Hamstern „Jogging-
fans" und „Sportmuffel".
Die handelsübli-
chen Laufräder
sind leider in
den meisten
Fällen für aus-
gewachsene
Goldhamster
zu klein. Bei
ausreichender
Käfiggröße läßt
sich jedoch ein für
Streifenhörnchen gedachtes,
deutlich größeres Laufrad installieren.
Metallaufräder quietschen schnell
und müssen regelmäßig mit einer für
den Hamster ungefährlichen Schmier-
substanz (z.B. Margarine) gefettet werden; die hohen Quietschtöne werden
sonst für Mensch und Tier zur Qual.
Zum Aufstellen gedachte Laufräder
werden schnell durch angehäufte Einstreu blockiert oder umgeworfen;
daher sollten Sie das Rad an der Käfig-
wand befestigen, und zwar so hoch
über dem Boden, daß der Hamster
noch darunter hindurchlaufen kann.

57

In Terrarien ist die Anbringung schwieriger; Laufräder mit Saugnapf haben sich nicht bewährt, da dieser nicht lange hält. Geschickte Bastler errichten aus einem Stückchen Drahtgitter (ohne scharfe Kanten!) ein „Spalier", an dem das Rad installiert werden kann.

Wichtig: Für Zwerghamster besteht in Laufrädern aus Metall- oder Kunststoffgitter Unfallgefahr, da ihre winzigen Füße leicht zwischen die Streben geraten. Hier sind nur Laufräder mit durchgehender Lauffläche geeignet. Meine eigenen Zwerghamster aller Arten haben allerdings anfangs angebotene Laufräder weitgehend ignoriert; da ich nie Zwerghamster einzeln gehalten habe, reagierten die Tierchen ihren Bewegungstrieb offensichtlich im Spiel mit ihren Artgenossen ab oder waren durch die Aufzucht von Jungen anderweitig beschäftigt. Speziell Roborowski-Zwerghamster drehen zudem unermüdlich „Jogging-Runden" auch in noch so großen Terrarien und ziehen sie anscheinend dem Laufen im Laufrad vor.

Vom „Hamster-Joggingball" halte ich persönlich nichts, da er zu klein ist und nur schlecht Luftaustausch ermöglicht. Die „freilaufende" Version dieses Balles, in welcher der Hamster eingeschlossen wird und dann über den Zimmerboden kugeln kann, ist schlichtweg Tierquälerei!

Klettermöglichkeiten

Gold- und Streifenhamster verlangen unbedingt nach Klettermöglichkeiten. Oft reicht da schon das Käfiggitter. Daher sollten Hamsterkäfige immer querverdrahtet sein, damit die kleinen Kobolde nicht ständig herunterrutschen.
Interessanter für den Betrachter und für die Tiere in Terrarien unbedingt notwendig ist es aber, Steine und Äste im Käfig anzubringen, wobei die Hamster an den letzteren sogar noch ihr Nagebedürfnis abreagieren können.

Holzleitern werden von Hamstern gern benutzt

Als Klettersteine eignen sich am besten
große **Flußkiesel** und Ziegel, unter
den **Ästen** wählt man solche von
Laubbäumen, besonders von unge-
spritzten Obstbäumen.

Unser Tip:

Eine Tummelmöglichkeit von
besonderer Attraktivität – auch für
Zwerghamster – sind Langlochzie-
gel, die zwei parallele Röhren auf-
weisen, in denen sich gut „Verstecken" spielen läßt.

Auch mit **Korkrinde** kann man
interessante Kletter- und Versteckmöglichkeiten bauen, und **Kokosnußschalen** sind ebenfalls sehr beliebt.
Falls sich zwei oder mehr Hamster im
Käfig bzw. Terrarium befinden, ist es
günstig, aus den genannten Materia-
lien Sichtblenden zu schaffen, damit
sie sich bei eventuellen Streitereien
aus den Augen gehen können. Zwar
orientieren sich Hamster mehr mit
ihrem Gehör und dem Geruchs- als
mit dem Sehsinn, doch löst bei ihnen
eine Bewegung einen Verfolgungsre-
flex aus, wenn sie in Streitlaune sind.
Daher ist es günstig, wenn pro Tier ein
Versteck geboten wird, damit sie not-

*Zwerghamster benutzen gern
Kokosnußschalen als Höhlen*

falls „getrennte Betten" beziehen können. Zwerghamster entziehen sich einander oft auf sehr einfache, aber wir-
kungsvolle Weise: Sie gehen in den
Untergrund, das heißt, sie wühlen sich
einfach unter die Einstreu.

Die Hamsterwohnung ist nun fast fertig eingerichtet, fehlt nur noch das
„Eßzimmer". Doch zum Thema Futter-
und Wassergefäße mehr im
nächsten Kapitel.

Gesunde Ernährung

Der Speisezettel

Zur richtigen Pflege eines Heimtieres gehört auch eine ausgewogene und artgerechte Ernährung. Sie bildet die Grundlage dafür, daß das Tier gesund bleibt.

Fertigfutter

Die Fertigfuttermischungen bestehen vor allem aus Körnern der verschiedenen Getreidesorten und sind in ihrer Zusammensetzung auf die Bedürfnisse von Goldhamstern zugeschnitten.

Wichtig: Für Zwerghamster gibt es noch keine käuflichen Mischungen, Goldhamsterfutter eignet sich aber nicht, denn es ist für sie zu grob.

Ich habe im Laufe der Jahre aber immer wieder die Erfahrung gemacht, daß meine Goldhamster von fertigen Mischungen diverse Bestandteile nicht mochten und sie übrigließen. Daher bin ich mit Erfolg dazu übergegangen, mein Futter selbst zu mischen. Hält man Zwerghamster, muß man das Futter sowieso selber mischen.

Napf mit handelsüblicher Körnerfuttermischung für Goldhamster

Was mich zusätzlich an der Verfütterung eines immer gleichen Fertigfutters stört, ist die fehlende Abwechslung. Freilebende Hamster (wie viele andere Tiere auch) haben zwar einen umfangreichen Speisezettel, finden aber nicht alle Nahrungssorten zu jeder Zeit bzw. Jahreszeit. Sicherlich ist das Fertigfutter nach den Erkenntnissen der Tierernährungsforschung optimal und enthält alle Nähr- und Aufbaustoffe, doch ist es auf Dauer recht eintönig.

Unser Tip:

Da für ein Käfigtier die Beschäftigung mit dem Futter das interessanteste ist, sollten Sie Ihrem kleinen Nager unbedingt etwas Abwechslung in Form selbstgemischten Futters bieten.

61

Hamsterfutter selbstgemischt

Für meine eigenen Futtermischungen verwende ich zwar immer wieder die gleichen Futterbestandteile, aber in ständig wechelnder Mischung bzw. unterschiedlichem Mischungsverhältnis. Alle Zutaten bekommen Sie im Supermarkt und in der Zoohandlung, wobei einige eigentlich für andere Tiere oder gar für den Menschen gedacht

Mögliche Futterbestandteile

Corn-flakes	rohe Nudeln (gekocht als Leckerbissen)
Erdnüsse	
Haselnüsse	Sonnenblumenkerne
Hunde- oder Haferflocken	tierisches Eiweiß (Hundetrockenfutter, Mehlwürmer, Grillen)
Johannisbrot (nur von Zeit zu Zeit)	
Kaninchenpellets	trockene Erbsen
Knäckebrot (zerkleinert)	Wellensittichfutter (in erster Linie für Zwerghamster)
Kolbenhirse (für Zwerghamster)	
Mais (ganze Körner oder Bruchmais)	Zirbelnüsse
Rosinen	Zwieback (zerkleinert)

Unser Tip:

Geben Sie der Futtermischung gelegentlich etwas Zierfischfutter bei; die Hamster bekommen davon ein besonders glänzendes und gesundes Fell.

Je kleiner die Hamsterart, desto feiner sollte die Futtermischung sein: Roborowski-Zwerghamster bevorzugen einen hohen Anteil von Hirse

62

Zu viele Nüsse und Sonnenblumenkerne ließen diesen Campbell-Zwerghamster verfetten, bei dem nicht einmal mehr die Beine sichtbar sind

Für verfettete Goldhamster sind die gut sichtbaren Speckwülste an den Achseln typisch

sind. Die nebenstehende Tabelle listet auf, was ich im einzelnen verwende. Bei der Zusammensetzung ist noch folgendes zu beachten:

Das Futter für Zwerghamster muß feiner sein als das für Goldhamster. Die kargste und feinste Nahrung ist der Roborowski-Zwerghamster von Natur aus gewohnt, er verzehrt fast ausschließlich Sämereien von Gräsern. In seiner Futtermischung sollte daher das Wellensittichfutter überwiegen. Goldhamster machen sich aus derart feinkörnigem Futter in der Regel nichts, sie bevorzugen größere Brocken. Die anderen Zwerghamsterarten nehmen sowohl als auch.

Gewisse Futterbestandteile führen bei übermäßigem Verzehr leicht zur Verfettung, weshalb sie sparsam angeboten werden müssen. Dazu zählen vor allem Nüsse jeder Art, aber auch Sonnenblumenkerne und Rosinen. Denken Sie daran, daß Hamster von Haus aus Bewohner trockener und karger Landstriche sind, in denen sie solche Leckerbissen normalerweise gar nicht finden. Ein Zuviel davon kann sogar ernsthafte Erkrankungen zur Folge haben, da der Verdauungstrakt der Tiere darauf gar nicht eingestellt ist. Speziell Dsungarische und Campbell-Zwerghamster verfetten sehr schnell bei zu reichlichen Gaben von Nüssen aller Art und von Sonnenblumenkernen. Gerade vom Campbell-Zwerghamster habe ich schon Exemplare gesehen, die von wohlmeinenden

Liebhabern so sehr mit den Nüssen, die sie ja gern fressen, gemästet worden waren, daß man vor Speckwülsten die Beine nicht mehr erkennen konnte. Auf den Rücken gedreht, waren diese Hamster nicht in der Lage, sich ohne Hilfe wieder auf die Beine zu stellen! Daß dies der Gesundheit der kleinen Nager abträglich ist, dürfte einleuchten. Vier bis fünf Sonnenblumenkerne oder eine Erdnuß täglich pro Zwerghamster sollte die Obergrenze sein. Halten Sie mehrere Zwerghamster zusammen, müssen Sie natürlich darauf achten, daß sich nicht das frechste Tier die gesamte Gruppenration sichert!

Hamster sind Nagetiere, und wie alle Nager besitzen auch sie wurzellose, ständig wachsende Nagezähne, die durch harte Nahrung abgeschliffen werden müssen.

Wichtig: Bekommt der Hamster ständig zu weiches Futter, wachsen die Zähne ungehindert weiter, bis sie weit aus dem Maul hervorstehen und die Nahrungsaufnahme erst erschweren und schließlich unmöglich machen. Daher brauchen Hamster harte Zusatznahrung, die sie kräftig bearbeiten müssen. In der Regel gebe ich deswegen altes, getrocknetes Grau- oder Vollkornbrot oder Hundekuchen.

Grünfutter

Neben den trockenen Körnern und Sämereien sollten alle Hamster regelmäßig Grünfutter – auch Saftfutter genannt – bekommen. Zwar sind nicht alle Obst- und Gemüsesorten geeignet, aber uns steht trotzdem eine große Palette zur Auswahl. In der Tabelle auf Seite 66 finden Sie die Sorten, die ich bisher mit Erfolg angeboten habe. Einige davon sind nur saisonal erhältlich, viele lassen sich im eigenen Garten oder sogar auf dem Balkon anbauen, manche auch auf dem Spaziergang sammeln.

Wichtig: Grünfutter darf grundsätzlich nicht in unmittelbarer Nähe einer Straße gesammelt werden, weil es dort zu sehr durch Abgase belastet wird.

Apfelstückchen dieser Größe kann der Goldhamster in seine Backentaschen schieben!

64

Gekauftes Grünfutter muß wegen diverser Spritzmittel gut gewaschen werden, denn für den kleinen Organismus eines Gold- oder gar eines Zwerghamsters kann schon eine geringe Menge Gift tödlich sein. Die Giftstoffe werden ja nicht wieder ausgeschieden. Bei selbstgesammeltem Futter müssen Sie auch sorgfältig auf Verschmutzung durch Vogelkot achten. Er muß gründlich entfernt werden, da er unter Umständen Salmonellen enthält, die nicht nur den Hamster, sondern auch seinen Besitzer krank machen können. In der nachfolgenden Tabelle finden Sie die Arten von Grünfutter, die von meinen Hamstern gern genommen und gut vertragen werden.

Giftige Wildpflanzen

Für das gefahrlose Sammeln von Grünzeug im Freiland ist ein Bestimmungsbuch unumgänglich. Machen Sie vor allem einen großen Bogen um folgende Arten:

Bärlauch (Allium ursinum),
Bilsenkraut (Hyoscyamus),
Bingelkraut (Mercurialis),
Buschwindröschen (Anemone nemorosa) und andere Anemonen,
Christrose (Helleborus),
Eisenhut (Aconitum),
Fingerhut (Digitalis),
Gundermann (= Gundelrebe, Glechoma),
Hahnenfuß (= Butterblume, Scharbockskraut, Ranunculus),
Hundspetersilie (Aethusa),
Immergrün (Vinca),
Küchenschelle (= Kuhschelle, Pulsatilla),

Maiglöckchen (Convallaria),
Märzenbecher (Leucojum),
Mohnblume (Papaver),
Nachtschatten (Solanum),
Primeln (= Schlüsselblume, Primula),
Sauerklee (Oxalis),
Schneeglöckchen (Galanthus),
Schierling (Conium),
Schöllkraut (Chelidonium),
Seidelbast (Daphne),
Sumpfdotterblume (Caltha),
Tollkirsche (Atropa),
Trollblume (Trollius),
Wasserschierling (Cicuta),
Zaunrübe (Bryonia)

Für Hamster geeignetes Grünfutter	
Apfel (nicht sauer)	Mais
Banane	(auch aus Dosen)
Birne	milde Paprika
Chicorée	Möhre
Endivie	Salatgurke
Erdbeere	Sojasprossen
Kartoffel	Vogelmiere
Kohlrabi	Wegerich
Kürbis	Weißkohl
Löwenzahn	Zucchini

Wichtig: Die grünen Teile von Kartoffeln sowie die Kartoffelkeime sind giftig und müssen vor dem Verfüttern entfernt werden.

Das Möhrenkraut wird von Zwerghamstern sehr gern gefressen, wenn auch nur in kleinen Mengen. Außerdem biete ich von Zeit zu Zeit ungespritzte belaubte Zweige von Obstbäumen, Weiden, Birken, Buchen und Nußbäumen an, von denen die Hamster nicht nur Laub und Knospen, sondern auch die Rinde lieben.

Unser Tip:

Einem Zwerghamster können Sie eine große Freude mit Apfelbaum- und Löwenzahnblüten machen. Auch die Wurzeln des Löwenzahns werden gern genommen.

Leckerbissen

Die nachfolgend aufgeführten Leckerbissen schmecken den Hamstern nicht nur besonders gut, sondern bieten uns auch zusätzlich die Möglichkeit, interessante und lustige Beobachtungen zu machen.

Falls Sie z.B. einmal einen Rest *gekochter Nudeln* haben, können Sie sie ruhig den Hamstern anbieten (natürlich ohne Soße!). Es ist ein unvergleichlich komischer Anblick, wenn zwei Zwerghamster an den beiden Enden einer Spaghettinudel zu fressen anfangen und dann schließlich in der Mitte mit den Nasen zusammenstoßen, wie ich es selbst schon mehrfach gesehen haben. Noch dazu versuchen die Zwerge dann, dem Gegenüber möglichst noch den letzten Nudelrest zwischen den Zähnen herauszuziehen!

Auch ein Rest *Haferschleim* (ungezuckert) findet Abnehmer, ebenso *Magerquark* oder *Magermilchjoghurt*. Alle diese Dinge aber sind sehr flüssigkeitshaltig und sollten daher nicht direkt auf die Einstreu gegeben werden. Manche Hamster lassen sich an das Fressen von einem Löffel gewöhnen, andere bevorzugen einen kleinen Napf.

Wie schon eingangs erwähnt, fressen Hamster nicht nur pflanzliche, sondern auch sehr gern tierische Nahrung. Durch *Hundefutter* läßt sich dieser Bedarf decken.

Wichtig: Bei trächtigen und säugenden Weibchen ist der Bedarf an tierischem Eiweiß höher als normal, bei einem Mangel kann das Weibchen sogar seine Jungen töten und auffressen.

Unser Tip:

Verwenden Sie als Unterlage große Buchen- oder Haselnußblätter; nach Verzehren des Leckerbissens wird dann auch der „Teller" noch verputzt!

Interessanter für Tier und Betrachter ist allerdings die Verfütterung *lebender Insekten*. Am besten nehmen Sie Mehlwürmer, denn sie sind in der Zoohandlung immer zu bekommen. (Mehlwürmer sind keine Würmer, sondern die Larven des schwarzen Mehlkäfers. Auch die Käfer selbst und die Puppen werden von den Hamstern verspeist.)

Fleischeslust: Hamster sind „Gelegenheits-Fleischfresser" und nehmen gern etwas Hundetrockenfutter zu sich

67

Noch eindrucksvoller ist das Verfüttern von *Grillen* und *Heuschrecken.* Grashüpfer lassen sich in den Sommermonaten leicht fangen, möglichst auf Viehweiden oder Wiesen abseits von Feldern und Straßen, da dort die Belastung durch Insektengifte und Abgase gering ist. Grillen und

Einer von vielen möglichen Leckerbissen: Hamsterwaffeln

Wanderheuschrecken gibt es in verschiedenen Größen in Zoohandlungen, die auch Terrarientiere führen. Ein paar Grillen oder Heuschrecken in ein Terrarium mit Hamstern, und Sie werden sich wundern, wie schnell „Leben in die Bude kommt"! In Gitterkäfigen sollten Sie aber lieber aus der Hand füttern, sonst stoßen Sie bald in der Wohnung auf entkommene Futtertiere. Aber selbst wenn mal eine Heuschrecke die Flucht ergreifen sollte, ist das kein Grund zur Panik. Nur Heimchen (Hausgrillen) können sich in unserem Klima im Haus fortpflanzen und dann zur Plage werden, die von Zoohandlungen angebotenen

schwarzen Grillen und Wanderheuschrecken tun dies nicht.

Hamster jagen nach Gehör und Geruchssinn, und so kann es vorkommen, daß sie an einer Grille erst einmal vorbeilaufen oder sie regelrecht überrennen, bevor sie sie richtig orten und schnappen können. Speziell Zwerghamster entwickeln dabei ein erstaunliches Tempo, das man den oft so behäbig wirkenden Tieren gar nicht zutraut. Das zerlegte Opfer wird fachgerecht „tranchiert". Der Hamster ähnelt dann auffallend einem Menschen, der ein Hähnchen ißt!

Unser Tip:

Sowohl pflanzliche als auch tierische Leckerbissen können Sie Ihrem Hamster bieten, wenn Sie ihm gelegentlich ein ganzes Grasbüschel mit Wurzeln und anhaftender Erde oder ein Moospolster hinlegen. Derartige Schätze werden eingehend untersucht und angeknabbert und lassen sich hinterher sogar noch als Nistmaterial benutzen. Die im Pflanzengewirr wimmelnden Kleintiere werden mit Vorliebe gefressen. Versuchen Sie es, Ihr Hamster wird Ihnen dankbar sein!

Trinkwasser: ja oder nein?

An dieser Frage scheiden sich die Geister. Richtig ist: Gibt man kein oder nur selten Grünfutter, muß dem Hamster stets Trinkwasser zur Verfügung stehen. Die Natur hat zwar die Hamster darauf eingerichtet, ihren Flüssigkeitsbedarf aus der Nahrung zu ziehen, doch besteht diese im Freileben ja nicht allein aus trockenem Mischfutter. Selbst die mit Begeisterung erjagten Insekten enthalten eine ganze Menge Feuchtigkeit!

Ich habe mich immer wieder geärgert, wenn meine Hamster ihr Wasser verschüttet oder gar ihren Trinknapf als „Wasserklosett" benutzt haben. Daher habe ich mich dafür entschieden, kein Trinkwasser mehr zu geben, sondern statt dessen verstärkt Grünfutter zu bieten. Für die Tiere ist diese Methode wesentlich interessanter, vor allem, wenn man die Futtersorte täglich wechselt. Die meisten Zwerghamster machen sich ohnehin nichts aus Wasser, ich erlebte sogar schon, daß vor allem Roborowski-Zwerghamster als extremste Wüstenbewohner überhaupt nichts mit der Flüssigkeit anzufangen wußten, ja sich sogar

regelrecht davor zu ekeln schienen. Mittlerweile habe ich die Methode „Grünfutter statt Trinkwasser" auch bei Nagetieren aus anderen Lebensräumen getestet, und zwar durchweg mit Erfolg. Seither habe ich rund 60 verschiedene Nagerarten von der winzigen Zwergmaus bis zum Chinchilla auf diese Weise gehalten. Daß die Flüssigkeitsversorgung ausreicht, sehe ich an meinen guten Nachzuchtergebnissen. Ein mangelhaft mit Feuchtigkeit versorgtes Tier würde nicht genug Milch bilden. Meine Jungtierverluste sind aber weitaus geringer als in anderen mir bekannten Zuchten! Dies führe ich zum Teil auch auf die sehr vitaminreiche Ernährung zurück. Durch die reichlichen Obst- und Gemüsegaben kann ich mir Vitaminpräparate, wie man sie dem Trinkwasser zufügen kann, jedenfalls sparen. Auch habe ich noch nie eine nennenswerte Krankheit in meinem stets sehr umfangreichen Tierbestand gehabt, nicht einmal den gerade bei Hamstern so häufigen und die Tiere stark schwächenden Durchfall.

Futtermengen

Man hört manchmal, ein Hamster brauche täglich soundsoviel Gramm Futter. Aber ich pflege schließlich nicht die Futterration meines Hamsters mit der Diätwaage abzuwiegen! Außerdem können derartige Richtlinien natürlich nur nützen, wenn das Futter tatsächlich restlos verzehrt wird. Dies ist aber – besonders bei den handelsüblichen Mischungen – oft nicht der Fall.

Wichtig: Hamster verfetten nicht durch zuviel Futter, sondern höchstens durch zu viele fetthaltige Futterbestandteile wie Nüsse, Sonnenblumenkerne. Steht dem Hamster ein Laufrad zur Verfügung, ver-

70

braucht er mehr Energie und benötigt daher auch relativ mehr Futter. Also: Füllen Sie den Futternapf ruhig, der Hamster weiß selbst, wieviel für ihn richtig ist. Und wenn etwas übrigbleibt, wird es eben am nächsten Tag gefressen.

Ich bin sogar der Meinung, daß dem Hamster nicht täglich Grundfutter (Fertigfutter oder selbstgemischtes Körnerfutter) geboten werden muß, vorausgesetzt er bekommt genügend Grünes. Auch im Freiland findet ein Hamster nicht jeden Tag Körner und Samen und muß sich mit Grünzeug oder Insekten begnügen. Folglich lasse ich ein- bis zweimal in der Woche bei allen Hamstern das Grundfutter weg und biete statt dessen etwas mehr Grünfutter an. Meist haben sie sowieso ihren Vorrat an Körnern, von dem sie dann zehren können. Experimentieren Sie etwas mit der Menge. Als Anhaltspunkt gilt: Zur Feuchtigkeitsversorgung eines Goldhamsters reicht ein Viertel Apfel täglich, für einen Zwerghamster ein Achtel.

Wichtig: Grünes sollte immer erst abends gegeben werden, damit es nicht schon tagsüber verdirbt, wenn der Hamster schläft. Zwerghamster

sind zwar auch am Tag zeitweise aktiv, doch fressen auch sie hauptsächlich abends.

Vergessen Sie bei allen Ratschlägen nicht, daß der Hamster keine Maschine ist, sondern ein Tier, für das Essen – wie für den Menschen – nicht allein Mittel zum Überleben, sondern auch eine lustvolle Tätigkeit ist. Und gerade ein Käfigtier braucht ja Abwechslung.

Futternäpfe und Trinkgefäße

Welcher Napf ist der richtige?
Für die Beantwortung dieser Frage sollten Sie vor allem eines wissen: Der Futternapf dient nur der Arbeitserleichterung des Hamsterpflegers, das Tier selbst braucht ihn nicht. Hamster sind wie die meisten Nager von Natur aus darauf eingerichtet, sich ihre Nahrung zusammenzusuchen, wobei sie oft große Flächen „bearbeiten" müssen. Daher wäre es biologisch richtiger, das Futter in der Einstreu des Hamsterkäfigs zu verteilen, damit der Hamster seinem Sammeltrieb nachkommen kann. Dagegen dürften sich jedoch die weitaus meisten Hamsterbesitzer sträuben, sieht es doch so unordentlich aus. Hier gehen die Ansichten von Mensch

Glasierte Blumentopfuntersetzer eignen sich hervorragend als Futter-näpfe

und Tier wieder weit auseinander! In der Literatur über Hamster wird häufig empfohlen, Näpfe mit nach innen gewölbtem Rand zu benutzen, damit kein Futter herausgescharrt werden kann. Ich bin aber gegen diese Futternäpfe, denn das kann natürlich nur funktionieren, wenn der Napf weniger als halbvoll ist. Auch geht herausgeworfenes Futter ja nicht verloren, der Hamster frißt es trotzdem. Zudem – und das ist für mich das entscheidende Argument dagegen – verleiten derartige Näpfe das Tier dazu, sich darin ein Nest zu bauen und sogar dort seine Geschäfte zu erledigen. Die Ursache dafür ist in der Form des Napfes zu sehen: Hohe, nach innen gewölbte Ränder täuschen dem Hamster eine Höhlung und damit Geborgenheit vor.

Auch hochrandige Näpfe mit normalem Rand haben einen Nachteil. Hamster fressen nämlich durchaus nicht nur einfach das Futter von oben weg, sondern durchsuchen den Napf gründlich, ob nicht irgendwo tief unten noch ein Leckerbissen zu finden ist. Bei dieser Suche landet also wieder das meiste Futter neben dem Napf!

Beste Erfahrungen habe ich mit flachen Futtergefäßen gemacht. Durch die dementsprechend dünne Futterschicht wittern die Hamster den Napfboden und merken, daß dort unten nichts anderes zu finden ist. Ich verwende mit Vorliebe Blumentopfuntersetzer aus Ton, die innen glasiert sind und sich dadurch leicht reinigen lassen.

Unser Tip:

Da Hamster sich zum Fressen gern in den Napf setzen und ihn auf diese Weise für Artgenossen blockieren können, nehmen Sie – falls Sie mehrere Hamster zusammen halten oder züchten – ein Gefäß, das so groß ist, daß es vom größten Hamster nicht ganz ausgefüllt wird, so daß auch die anderen eine Chance haben, ans Futter zu kommen.

Wo sollte der Futternapf stehen?
Keinesfalls in einer Ecke des Käfigs
oder des Terrariums! Aus für den Menschen nicht nachvollziehbaren Gründen könnte nämlich der Hamster ausgerechnet diese Ecke als Toilette aus-
erkoren haben und wird dann stets im
Futternapf sein Bedürfnis verrichten.
Das Futtergefäß sollte überhaupt nie
direkt am Rand der Käfigwanne ste-

Unser Tip:

**Sie können den Napf auch auf das
Dach des Schlafkastens stellen,
wenn dieser groß genug ist. Das
geht aber nur mit schweren
Gefäßen, die nicht so leicht herab-
geworfen werden können!**

hen. Die Spalte zwischen Napf und
Wand reizt nämlich den Hamster
dazu, sie durch Buddeln und Schieben
zu erweitern, wobei der Napf entweder umgekippt oder sein Inhalt verschüttet wird. Stellen Sie also das
Futtergefäß so auf, daß der Hamster an
allen Seiten problemlos daran vorbeilaufen kann.
Nehmen Sie keine Futternäpfe aus Plastik, die benagt werden können! Besser sind solche aus Porzellan, Ton oder

Steingut. Sie werden wegen ihres
höheren Gewichtes auch seltener
umgeworfen.

Wichtig: Achten Sie bei Zwerghamstern und jungen Goldhamstern immer
darauf, daß der Futternapf auf festem
Untergrund steht, so daß er nicht
untergraben werden kann. Stellen Sie
ihn also nie auf die Einstreu, sondern
immer direkt auf den Käfig- bzw. Terra-
rienboden. Die Hamster versuchen
nämlich sonst, sich darunter eine Höh-
le zu scharren, und können dabei vom
nachrutschenden Futternapf so einge-
klemmt werden, daß sie ersticken!
(Allein ausgewachsene Goldhamster
sind kräftig genug dazu, sich aus dieser
Notlage selbst zu befreien.)

*Der Futternapf sollte nie in einer
Ecke der Hamsterbehausung stehen!*

73

Für Grünfutter keinen Futternapf

Für Grünfutter brauchen Sie normalerweise kein Futtergefäß, legen Sie es einfach auf die Einstreu oder auf das Schlafhaus. Sie können auch eine Steinplatte als Unterlage verwenden. Das hat den Vorteil, daß keine Einstreu am Futter hängenbleibt. Lediglich bei Zwerghamstern, die meistens an Ort und Stelle fressen, lohnt sich ein Grünfuttergefäß. Goldhamster hingegen tragen oder ziehen die Futterstücke fast immer in irgendeine Ecke oder sogar in den Schlafkasten, um sie dort in Ruhe zu verzehren.

Das richtige Trinkgefäß

Falls Sie Ihrem Hamster Trinkwasser anbieten, benötigen Sie ein Trinkgefäß. Ein Napf ist dafür denkbar ungeeignet. Er wird verschmutzt oder umgekippt, der Hamster läuft hindurch oder benutzt ihn gar als Wasserklosett. Das Ergebnis sind nasse Einstreu und ein nasser und damit erkältungsanfälliger Hamster, stinkendes Wasser und in jedem Fall ein hoher Pflegeaufwand. Richtiger ist ein *Trinkröhrchen,* das Wasser nur tropfenweise abgibt, sobald der Hamster daran leckt.

Trinkröhrchen veralgen sehr leicht und müssen deshalb regelmäßig mit einer Flaschenbürste gereinigt werden. Spülen Sie sie nur mit heißem Wasser ohne

Unser Tip:

Bringen Sie das Trinkröhrchen nicht über dem Futternapf an; es geht immer mal ein Tropfen daneben und kann das Körnerfutter verderben!

Spülmittel aus, denn diese können Rückstände hinterlassen, die einem so kleinen Tier auf Dauer schaden. Verwenden Sie ein Trinkröhrchen bzw. eine Tränkflasche (Nagertränke), sollten Sie auf Modelle mit einem Verschlußstopfen aus Gummi verzichten, denn in ihnen nimmt das Wasser sehr schnell einen unangenehmen Gummigeruch und -geschmack an. Besser sind Flaschen mit einem Schraubverschluß aus reinem Kunststoff. Da diese Flaschen durch das Käfiggitter hindurch benagt und damit undicht werden können, basteln Sie eine „Schutzmanschette" (z.B. aus engmaschigem Drahtgitter), die Sie zwischen Flasche und Käfiggitter anbringen.

Das Trinkwasser muß täglich gewechselt werden. Warum ich persönlich für die Verfütterung von Obst und Gemüse statt für das Anbieten von Trinkwasser bin, konnten Sie im Kapitel Grünfutter (siehe Seite 64 ff.) lesen.

Eingewöhnung und Zähmung

Die ersten Stunden im neuen Heim

Haben Sie Ihren neuen Hausgenossen nun zu sich geholt, stellen Sie am besten das Transportgefäß in den bezugsfertigen Käfig bzw. vor dessen Tür (soweit möglich). Der Hamster mag es nämlich gar nicht, gleich aus seiner Transportbox in ein völlig neues und ihm fremdes Gelände, in dem sei-

ner Ansicht nach allerlei Gefahren lauern könnten, gesetzt zu werden.

Nun kann es durchaus mehrere Stunden dauern, bis der Hamster erstmals seine Nase aus der Transportbox herausstreckt. Werden Sie also nicht ungeduldig.

Anfangs wird sich der Neuankömmling kaum blicken lassen

Unser Tip:

Am besten, Sie lassen Ihren kleinen Neuling 1 bis 2 Tage völlig in
Ruhe und füttern und reinigen nur,
wenn er sich tagsüber in seinem
Schlafhaus befindet. Nach Ablauf
dieser Schonfrist, die auch Ihre
Kinder unbedingt respektieren
sollten, können Sie vorsichtig Kontakt aufnehmen.

Den Hamster zähmen – aber wie?

Grundsätzlich sei hier angemerkt, daß
nicht alle Hamster gleich schnell zahm
werden. Ruhig veranlagte Tiere fassen
schneller Vertrauen als temperamentvolle, was nichts mit dem Alter zu tun
hat! So kaufte ich ein voll erwachsenes
Goldhamster-Weibchen, das noch dazu
hochträchtig war, und ein halbwüchsi-
ges Weibchen am selben Tag in zwei
verschiedenen Zoohandlungen. Das
trächtige Weibchen (nach Auskunft
der Zoohändlerin im Geschäft herange-
wachsen und gezähmt) war von der
ersten Minute an völlig vertraut, praktisch handzahm. Es brachte in der

nachfolgenden Nacht seine Jungen zur
Welt und wurde nicht einmal während
der Aufzucht bissig, was sonst auch bei
den zahmsten Hamstern vorkommen
kann. Die Zähmung ihrer jungen Art-
genossin aber dauerte Wochen!
Leider hält sich der Irrglaube, daß
erwachsene Hamster nicht mehr zahm
werden, so daß diese in den Zoohandlungen ein unbefriedigendes Leben als
Ladenhüter führen müssen. Gold- und
Zwerghamster lassen sich bei richtiger
Behandlung in jedem Alter zähmen! Es
gibt zwei sehr unterschiedliche Metho-
den der Zähmung, die „aktive" und
die „passive".

Zähmen mit Leckerbissen

Die aktive Zähmung arbeitet mit dem
Anbieten von Futter, in erster Linie
von Leckerbissen, und läuft in drei
Schritten ab:

Anfangs müssen Sie schon
behutsam vorgehen; vermeiden Sie
hastige Bewegungen, die den Hamster
erschrecken. Versteckt er sich in seinem Häuschen, dann versuchen Sie
nicht, ihn wieder ans Tageslicht zu
bringen, er muß schon von allein kommen. Reden Sie mit ruhiger Stimme zu
dem Tier, dabei ist es völlig egal, was
Sie sagen.

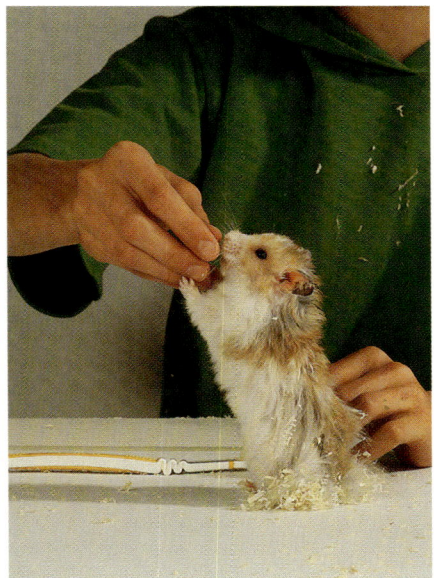

▬▬▬ *Leckerbissen aus der Hand lassen den Hamster allmählich seine Scheu vergessen*

Wichtig: Versuchen Sie keinesfalls, den Hamster anzufassen, wenn er sich das erste Mal dem Futter in Ihrer Hand nähert! Er würde sich sofort wieder zurückziehen.

Bei den ersten zaghaften Vorstößen wird der Hamster probieren, den Leckerbissen aus Ihren Fingern zu ziehen, um ihn an einem sicheren Ort zu verspeisen. Wenn er aber schließlich ruhig vor Ihrer Hand sitzen bleibt, ist

der erste Schritt zur Zähmung vollzogen. Dann dürfen Sie auch vorsichtige Berührungsversuche machen. Nach einigen dieser Übungen wird der Hamster nicht mehr vor Ihnen flüchten, wenn Sie vor den Käfig treten, und Sie schließlich sogar erwarten.

▬▬▬ Die Berührung des Hamsters innerhalb seines Käfigs ist der nächste Schritt. (Bei der Haltung im Terrarium fällt dieser automatisch mit dem ersten zusammen, denn Sie können ja Ihre Finger nicht durch das Glas stecken.)

Wichtig: Denken Sie daran: Hamster sind von Natur aus Einzelgänger, die von sich aus außer zur Paarungszeit kaum Kontakt suchen. Dabei betrachtet Ihr kleiner Neuling Ihre Hand im Käfig zuerst als Eindringling bzw. Feind und reagiert dementsprechend mit Abwehr oder Flucht.

Leider haben die meisten Hamsterkäfige ihre Türen auf der Oberseite. Trotz generationenlanger Zucht in Menschenobhut bedeutet ein von oben kommender Gegenstand – also auch Ihre Hand – für einen Hamster „Angriff eines Freßfeindes", wie z.B. eines Greifvogels. Bewegen Sie sich also ganz langsam und vorsichtig, und halten Sie in der Bewegung inne, wenn das Tier Unruhe zeigt.

Früher oder später läßt der Hamster eine Berührung zu, wobei Sie nach und nach auch auf das Verfüttern von Leckerbissen verzichten können. Sie haben es jetzt erreicht, daß der Hamster Sie als Kumpan akzeptiert. Er wird nun interessiert in Ihre Richtung schauen, wenn Sie vor den Käfig treten, und Ihnen sogar entgegenkommen.

So nicht!

Schritt drei ist das Hochheben des Tieres. Dabei ist der Griff am Nackenfell für den Hamster genauso unangenehm wie für ein Kaninchen das Hochgehobenwerden an den Ohren. Nach einer solchen Behandlung ist das gesamte Vertrauen erst einmal weg. Ich habe oft erlebt, daß ein Goldhamster dann stundenlang schlechte Laune hatte und jeden Berührungsversuch mit wütenden Bissen abwehrte!

Richtig greift man den Hamster vorsichtig um die Körpermitte, hebt ihn hoch und setzt ihn auf die eine Hand, wobei man die andere wie ein Dach

Achtung, nicht berühren: Mit dieser Haltung zeigt der Hamster, daß er sich gestört fühlt und bereit ist, sich zu wehren

78

Zahme Goldhamster umfaßt man zum Hochheben stets um die Körpermitte

Die flinken und „absturzgefährdeten" Zwerghamster sollte man in der Hand gut „behüten"

über ihn hält. Erst bei einem völlig zahmen Hamster kann man auf das „Dach" verzichten.

Zwerghamster nimmt man aber besser nur zwischen die beiden hohlen Hände. Sie sind übrigens schwieriger an das Hochnehmen zu gewöhnen als Goldhamster, bei ihnen brauchen Sie mehr Geduld.

Völlig zahm ist der Hamster, wenn er ohne Anzeichen von Unruhe oder gar Angst auf Ihnen herumklettert und neugierig alles mögliche untersucht. Erst jetzt können Sie es wagen, ihn auch frei laufen zu lassen (siehe Seite 91).

Zähmung mit Geduld

Bei der passiven Zähmung verzichtet man weitgehend auf Futtergaben. Ich bevorzuge sie bei allen Tieren, die mehr Beobachtungs- als Beschäftigungszwecken dienen sollen, wende sie aber auch bei letzteren gern an. Die Methode besteht darin, daß ich die Hand völlig bewegungslos in den Käfig halte oder lege. (Es gehört noch mehr Geduld dazu als zur Zähmung durch Futter. Verschwindet nämlich das Tier im Schlafhaus, ist der Anreiz zum Wiederkommen geringer, als wenn ein Leckerbissen winkt.) Allmählich merkt der Hamster, daß ihm von der Hand

Passive Zähmung: Der Hamster untersucht entspannt die ruhig vorgehaltene Hand und lernt, daß von ihr nichts Böses droht

keine Gefahr droht, und er macht sich daran, sie zu untersuchen. Dabei wird er sich darunter durchwühlen, darüberlaufen und auch schon mal zaghaft zwicken – richtig gebissen wurde ich dabei noch nie. Die Hand bekommt für den Hamster so eine neutrale, also friedliche Bedeutung.

Noch nicht zahme oder zum Beißen neigende Hamster lassen sich zum Hochnehmen in eine Dose locken, für die sie sich interessieren

Schließlich hebe ich sie an, wenn er einmal darauf sitzt, oder bewege sacht die Finger. Das erschreckt ihn dann nicht mehr, er hat Vertrauen zu meiner Hand gefaßt. So zeigt er denn auch kaum Aufregung, wenn ich ihn auf der Hand aus dem Käfig hebe. Später kann ich ihn dann auch greifen.

Worin liegt nun der Vorteil dieser Methode? Ganz einfach! Im Fall der Zähmung durch Futter tritt der Hamster zunächst aus rein „materiellen" Interessen in eine Beziehung zum Pfleger. Im zweiten Fall aber bildet sich eine eher zweckfreie Kumpanei.

Trotz dieser Überlegungen bevorzugen die meisten Tierhalter die erste Methode, weil es ihnen Spaß macht, wenn der Hamster aus ihrer Hand frißt.

Gerade Kinder lieben es, ihrem kleinen Freund manchen Leckerbissen zuzustecken.

Probleme bei der Zähmung

Gerüche können irritieren

Etwas, was die Zähmung Ihres Hamsters sehr erschweren kann, ist der Geruch Ihrer Hände. Es gibt Menschen, die der Hamster „einfach nicht riechen kann". Er ekelt sich vor manchen Hautcremes oder Seifen, während ein anderer Seifengeruch ihn sogar zum Beißen bringen kann! Deswegen ist auch der Hinweis mit Vorsicht zu genießen, sich nach Berührung eines anderen Tieres mit Seife zu waschen, bevor man den Hamster anfaßt.

81

Unser Tip:

> **Testen Sie sorgfältig, welche Gerüche Ihr Hamster mag und welche nicht.**

Ich besitze z.B. sehr viele Nagetiere der unterschiedlichsten Arten und greife ohne zwischenzeitliches Händewaschen in alle Terrarien und Käfige, ohne gebissen zu werden. Probleme gibt es nur, wenn ich, mit einem fremden Geruch behaftet, einem Tier Futter aus der Hand anbiete. Hier bedeutet für den Hamster die Kombination von Fremd- und Futtergeruch: Da ist ein Eindringling, der das Futter stehlen will; dann kann er schon einmal aggressiv werden. Es kann übrigens

auch vorkommen, daß der Hamster versehentlich in Ihren Finger beißt, wenn dieser etwa nach Apfel riecht. Solche Bisse gehen aber nur selten „bis aufs Blut", der Hamster bemerkt den Irrtum sehr schnell.

Schlechte Erfahrungen prägen

Ein Grund dafür, daß ein Hamster nur sehr langsam zahm wird, kann darin liegen, daß er schon schlechte Erfahrungen mit Menschen gemacht hat. Das kann besonders dann der Fall sein,

Sieht lieb aus, kann aber auch in einer wilden Beißerei enden: Goldhamster ziehen das Alleinleben vor und bereiten Probleme beim Zusammengewöhnen

82

wenn Sie dieses Tier aus zweiter Hand bekommen haben. Bei einem solchen Hamster bedarf die Zähmung einer wesentlich größeren Geduld.

Hamster aneinander gewöhnen

Haben Sie bereits einen Hamster und möchten einen zweiten hinzusetzen, dann ist größte Vorsicht geboten.

Gemeinsamer Auslauf auf neutralem Boden dient dem ersten Kennenlernen

Wichtig: Setzen Sie auf keinen Fall den Neuankömmling gleich in den Käfig des alteingesessenen Tieres, es wäre sein sicheres Todesurteil!

Es gibt mehrere Möglichkeiten, Hamster allmählich miteinander vertraut zu machen.

Bereiten Sie einen Käfig vor, der von keinem der beiden Tiere vorher schon einmal benutzt worden ist, denn so hat keiner einen „Heimvorteil". Rammeln Sie den Käfig ruhig voll mit Ästen, Steinen und anderen Hindernissen – die Hamster müssen natürlich noch hindurchkommen können –, damit die beiden sich aus den Augen gehen können. Während des Zusammengewöhnens müssen Sie die Tiere **unbedingt dauernd beobachten,** notfalls auch über Stunden hinweg!

Denn bei den ersten Anzeichen für einen Streit müssen die Kontrahenten sofort getrennt und in ihre jeweiligen Käfige zurückgesetzt werden, sonst gibt es ernsthafte Verletzungen. Lassen Sie 1 Tag verstreichen, ehe Sie einen neuen Versuch wagen. In Extremfällen kann sich die Zusammengewöhnung über Wochen hinziehen oder überhaupt nicht klappen.

Eine andere Methode ist das gemeinsame Laufenlassen im Zimmer. Dabei haben die Hamster genug Platz, um einander aus dem Weg zu gehen und sich erst einmal aus einiger Entfernung kennenzulernen. Auch hier müssen Sie bei einem Streit eingreifen. Aber Vorsicht: Ein flüchtender Hamster sucht sich ein möglichst unzugängliches Versteck und ist nicht so schnell zum Herauskommen zu bewegen!

Bei der dritten Methode brauchen Sie einen großen Käfig mit einem Trenngitter, das so feinmaschig ist, daß die Tiere nicht hindurchbeißen können. Setzen Sie auf jede Seite einen Hamster, und lassen Sie sie 1 bis 2 Tage in dem Käfig. Dann setzen Sie beide auf die jeweils andere Seite um. Bei den ersten Malen werden die Nager noch aufgeregt und wütend jeden Winkel der fremden Behausung untersuchen. Bald aber legt sich dies, und nach mehreren „Umzügen" tragen die Hamster den Ortswechsel mit Gelassenheit. Mittlerweile kennt jeder seine „Zweitwohnung" und damit auch den Geruch des Nachbarn und verbindet diesen nicht mehr mit

Gefahr. Nun können Sie die Tiere versuchsweise zusammensetzen bzw. das Trenngitter entfernen. Seien Sie aber trotzdem noch auf der Hut, gegebenenfalls müssen Sie die Wechselprozedur noch einige Male wiederholen.

Die vierte Methode funktioniert nur, wenn Sie Hamster züchten. Dann können Sie nämlich ein Jungtier bei der Mutter lassen, denn das geht häufig gut. (Natürlich gibt es auch hier wieder Ausnahmen, man kann es gar nicht oft genug wiederholen.)

Läßt man Jungtiere bei den Eltern, können bei Zwerghamstern richtige Familiengruppen entstehen

Ich habe schon alle in diesem Buch behandelten Hamsterarten zu mehreren gehalten, was jedoch nicht mit jedem einzelnen Individuum möglich war. Zwei Goldhamstermännchen (Vater und Sohn) unternahmen zwar regelmäßig wilde Verfolgungsjagden durch ihr Terrarium, lebten aber ohne Beißereien zusammen. Die übrigen beiden Familienmitglieder, Mutter und Tochter im Nebenkäfig, kriegten sich zwar öfters in die Wolle, trotzdem schliefen auch sie gemeinsam in einem Nest, ein sicheres Zeichen für Harmonie. Bei meinen Zwerghamstern begann ich grundsätzlich mit einem Pärchen, bei dem ich dann ein oder mehrere Jungtiere beließ. Ich habe aber den Eindruck, daß sich Dsungaren und Roborowskis paarweise am wohlsten fühlen, während ich die Campbells problemlos in selbst größeren Gruppen (mit Weibchen-Überzahl) halten und züchten konnte. In der Regel hielt ich jedoch ein Campbellmännchen mit zwei bis drei Weibchen beisammen.

Wichtig: Fremde Tiere lassen sich bei keiner Hamsterart in eine bereits bestehende Gruppe einfügen, ohne daß es zu Beißereien kommt; verzichten Sie also besser auf Experimente dieser Art.

Angesichts der mehrfach erwähnten Aggressivität weiblicher Campbells mag der Hinweis auf die Gruppenhaltung bei dieser Art merkwürdig erscheinen. Die Beißlust richtet sich aber kaum gegen die Mitbewohner, die sie ja von klein auf um sich herum haben, sondern allenfalls gegen die menschliche Hand. Ärgert man ein Campbellweibchen, ohne daß es sich wehren kann, dann läuft es oft zu einem Artgenossen (meistens zum Männchen), um seine Wut an ihm auszulassen! In Beißereien artet so ein Wutanfall jedoch praktisch nie aus, es wird nur kräftig gekeift und gerangelt. „Blitzableiter" gibt es eben nicht nur beim Menschen!

Hamster und andere Heimtiere

Grundsätzlich ist es problematisch, Hamster ohne trennendes Gitter mit anderen Heimtieren zusammen zu halten.

Wichtig: Gold- wie Zwerghamster dürfen in ihrem Käfig oder Terrarium nicht mit anderen Tierarten vergesellschaftet werden; dies endet früher oder später mit schweren Bißverletzungen.

▰▰ *Hallo, willst du vielleicht mit mir spielen?*

▰▰ *Der ist ja für alles viel zu faul!*

Gemeinsamer Freilauf im Zimmer ist mit einigen Tierarten möglich, doch kann es zu „Mißverständnissen" kommen, da z.B. *Kaninchen* und Goldhamster völlig unterschiedliche Verhaltensweisen an den Tag legen und in ihrer Körpersprache differieren.

Unser Tip:

Am besten lassen Sie Hamster nicht mit anderen Tieren in direkten Kontakt kommen. Gelegentliche „Tierfreundschaften" entstehen durch Zufall, man kann sie nicht durch willkürliches Zusammensetzen verschiedenartiger Tiere erzwingen.

Schneidet ein neugieriges Kaninchen dem Hamster versehentlich den Rückweg ab, kann dieser es wütend angreifen und beißen; das Kaninchen wehrt sich dann möglicherweise heftig und kann als wesentlich stärkeres Tier den Hamster dabei schwer verletzen oder sogar töten.

Hunde und *Katzen* zeigen beim Umherhuschen eines Hamsters häufig einen Beutefangreflex, auch wenn sie sonst „lammfromm" sind; schon ein spielerisch gedachter Biß oder Pfotenhieb kann aber den Nager das Leben kosten. Andersherum kann ein Goldhamster als „Gelegenheits-Fleischfresser" durchaus ein kleineres Tier wie einen *Zwerghamster,* eine *Rennmaus* oder eine *Farbmaus* anfallen und töten.

86

Das Leben mit dem Hamster

Körperpflege und ein bißchen Hausarbeit

Seine Körperpflege betreibt der Hamster selbst, und zwar besser, als wenn wir es machen würden.

Wichtig: Hamster dürfen nicht gebadet werden, sie könnten dabei durch Wasserschlucken, Unterkühlung oder einfach durch die Aufregung empfindlich Schaden nehmen! Schließlich kommen sie aus trockenen Gegenden und sind das Baden nicht gewohnt.

Fellpflege

Schwierigkeiten mit der Fellreinigung haben lediglich die langhaarigen Teddyhamster. Je länger das Fell, desto mehr stellt es den Hamster vor Probleme! Ihnen sollten wir daher zu Hilfe kommen. Suchen Sie täglich das Teddyfell nach Einstreu-, Futter- oder gar Kotresten ab, die sich im Fell verfilzt haben können. Alle paar Tage können Sie mit einem grobzinkigen, stumpfen Kamm das Fell behutsam kämmen.

Bei Teddyhamstern ist regelmäßige Fellpflege notwendig

87

Wichtig: Versuchen Sie nicht, Fellknoten durch kräftiges Ziehen mit dem Kamm zu lösen, das kann den Hamster verletzen. Schneiden Sie Knoten vorsichtig mit einer kleinen, stumpfendigen Schere heraus, und seien Sie auf der Hut, falls sich der Hamster plötzlich bewegt.

Zahn- und Krallenpflege
Für die Abnutzung der Nagezähne sorgen Sie durch Anbieten von hartem Brot, Ästen oder anderen Knabbersachen (siehe Seite 64).
Zu lang gewachsene Krallen kommen beim Hamster im Gegensatz zu vielen anderen Heimtieren äußerst selten vor, da er viel scharrt und seine Krallen sich dadurch auf natürliche Art abnutzen.

Was sonst noch alles zu tun ist
Für die weitere Versorgung des Hamsters können Sie sich nach dem Pflegeplan auf der Seite rechts richten.
Die reinen Pflegearbeiten nehmen pro Tag nicht mehr als $1/4$ Stunde in Anspruch. Die wöchentlichen Arbeiten verlangen etwa $1/2$ bis 1 Stunde Zeit. Hamster sind also ausgesprochen pflegeleichte Heimtiere! Trotzdem sollten Sie gerade die Käfigreinigung nicht vernachlässigen – nicht nur Ihrer eigenen Nase zuliebe, sondern auch wegen der Gesundheit Ihres Hamsters. Ein feuchter und verdreckter Käfig ist nämlich Brutstätte für alle möglichen Krankheitskeime.

Wichtig: Verwenden Sie zur Reinigung der Hamsterbehausung nur sanfte, ungiftige Reinigungsmittel, und spülen Sie gründlich nach, da sonst Vergiftungsgefahr besteht oder auch nur die empfindliche Nasenschleimhaut der Hamster verätzt werden kann.

Unser Tip:

Gut bewährt hat sich zur Bekämpfung von Uringeruch das Reinigen mit Essig. (Handelsübliche Sprays für diesen Zweck sind eher nicht empfehlenswert.)

Mit zum Pflegeprogramm gehört eigentlich auch der tägliche Auslauf, allerdings nur bei völlig zahmen Goldhamstern, die einen kleinen Käfig bewohnen. Hamster in abwechslungsreich eingerichteten Behausungen müssen nicht täglich herausgelassen werden. Und vergessen Sie auch nicht die tägliche Überprüfung des Gesundheitszustandes Ihres kleinen Nagers.

Notwendige Pflegearbeiten

täglich zu erledigen

Säuberung der Klo-Ecke: verschmutzte Streu durch frische ersetzen (bei Zwerghamstern genügt in der Regel die Reinigung zweimal wöchentlich)

Trinkwasserwechsel

Heraussammeln der Grünfutterreste vom Vorabend (auch aus dem Schlafhaus)

Fütterung mit frischem Grünfutter (vorzugsweise abends)

Fütterung mit Körnerfutter (soweit notwendig – Hamstervorrat beachten)

Kontrolle und – wenn nötig – Reinigung des Schlafkastens (Nistmaterial durch Futterreste oder Exkremente angefeuchtet? Wie groß ist der Futtervorrat?)

wöchentlich zu erledigen

Auswechseln der gesamten Einstreu

Gründliche Reinigung des gesamten Käfigs inklusive der Gitterstäbe bzw. der Scheiben (entfällt, wenn Jungtiere vorhanden sind, in deren ersten beiden Lebenswochen)

Auswechseln des Nistmaterials

Gründliche Reinigung von Futter- und Wassergefäßen

Auswechseln von Kletter- und Nageästen sowie von Pappröhren

█████ *Ein bißchen eng ist's hier drinnen schon!*

█████ *Ob ich wohl problemlos runterkomme?*

Kein Platz für Langeweile

Hamster sind neugierig und verspielt. Sie müssen nicht unbedingt Freilauf haben, doch sollte man ihnen dann wenigstens im Käfig abwechslungsreiche Beschäftigung bieten: Goldhamstern durch entsprechende Käfigeinrichtung, Zwerghamstern ebenso oder durch Paarhaltung.

Die einfachste Art der Beschäftigung ist die Fütterung. Dazu finden Sie im

Unser Tip:

Nistmaterial sollten Sie dem Hamster nicht gleich in sein Schlafhaus legen, denn sonst entgeht ihm das Vergnügen geschäftigen Sammelns und Ihnen der Spaß des Zuschauens.

Kapitel über die Ernährung (siehe Seite 61 ff.) schon Anregungen. Im Käfig verstreutes Futter oder ein frisches Grasbüschel bedeutet für den Hamster eine lange, interessante Tätigkeit. Das Nagebedürfnis befriedigen frische Äste und Zweige.

Leere Toiletten- und Küchenpapierrollen können zernagt und als Schlupfröhren verwendet werden und bieten allerlei Kurzweil.

Der Hamsterspielplatz

Daß Hamster gern klettern und im Laufrad joggen, wurde schon mehrfach erwähnt. Nicht jeder Käfig oder jedes Terrarium ist allerdings so groß, daß man alle möglichen Äste neben dem Laufrad darin unterbringen kann. Geschickten Bastlern sei daher der Bau eines Hamsterspielplatzes außerhalb des Käfigs empfohlen. Er sollte zweck-

Probieren geht über Studieren

Jetzt aber nichts wie weg!

mäßigerweise auf einem kleinen Tisch mit Umrandung seinen Platz finden. Ob man den Spielplatz mit natürlichen Elementen wie Steinen und Ästen ausstattet oder wie einen Miniatur-Kinderspielplatz mit Klettergerüsten und Rutsche, ist dem Hamster ziemlich gleichgültig und somit Ihrem persönlichen Geschmack überlassen. Zwei Dinge sollten jedoch vorhanden sein:
◆ Ein Laufrad
◆ Ein „Sandkasten", also ein Gefäß mit Sand oder Einstreu zum Buddeln

Auslauf im Zimmer

Besonders aufregend ist für den Hamster natürlich der Auslauf im Zimmer. Dabei sind aber mögliche Gefährdungen zu beachten beziehungsweise zu verhindern (siehe dazu die Checkliste „Einen Raum hamstersicher machen" auf Seite 93). Außerdem sollte man

lediglich Goldhamstern, nicht aber Zwerghamstern Freilauf gestatten (da diese wegen ihrer Winzigkeit und Flinkheit kaum zu beaufsichtigen sind), dabei aber auch nur völlig zahmen Tieren, denn sonst wird das Wiedereinfangen schwierig.

Wichtig: Während des Freilaufs müssen Türen und für den Hamster erreichbare Fenster (er klettert!) verschlossen sein.

Aus verschiedenen Gründen ist die Küche der ungeeignetste Ort zum Laufenlassen, Wohn- oder Kinderzimmer sind da wesentlich besser. Ein äußerst beliebter Tummelplatz für einen handzahmen Hamster sind Sie selbst. Setzen oder legen Sie sich ruhig und erfreuen Sie sich daran, wie der kleine Wicht auf Ihnen herumklettert,

91

alles genau untersucht und in die Taschen schlüpft. Speziell die ungezählten Gerüche, die sich in der menschlichen Kleidung festsetzen, sind für den Hamster unheimlich interessant (wenn es nicht gerade Zigaretten- oder Zigarrenrauch oder Bratfett sind). Vorsicht, wenn Sie kitzlig sind und Ihnen der Hamster ins Hosenbein kriecht, denn mit Stampelbewegungen können Sie ihn erheblich verletzen! Beißen Sie also auf die Zähne, auch wenn's schwerfällt. Er kommt schon wieder heraus!

Mit dem Hamster spielen?

Ich vermeide weitestgehend den Ausdruck „sich mit dem Hamster beschäftigen". Alle vorgeschlagenen Möglichkeiten dienen in erster Linie der Unterhaltung des Hamsters und erst in zweiter Ihrer eigenen! Der Hamster als Einzelgänger macht nämlich nur das gern, was er selbst in die Wege leitet. Sie als sein Kumpan sind dabei in seinen Augen nur „Gesellschafter". Erfreuen Sie sich also an dem, was der Hamster Ihnen bietet, und nötigen Sie ihn nicht zu Aktivitäten, die er nicht will. Machen Sie das auch Ihren Kindern klar. Die Kleinen dürfen den Hamster nämlich nicht in die bei Kindern so beliebten Rollenspiele drängen, in denen der kleine Nager mal

Hamster sind neugierig und untersuchen gern alles mögliche. Sie dürfen jedoch nicht zum Spielen gezwungen werden!

„Hund", mal „Baby" und mal „Teddy" sein muß. Sagen Sie den Kindern ruhig, daß der Hamster beißt, wenn ihm das Spiel nicht paßt.

Wichtig: Ein Hamster ist zwar ein Heimtier, aber deswegen noch lange kein Spielzeug.

C h e c k l i s t e **Einen Raum hamstersicher machen**

◆ *Verbergen Sie alle freiliegenden Kabel, und verschließen Sie offene Steckdosen mit einer Kindersicherung*

◆ *Entfernen Sie giftige Zimmerpflanzen (siehe Tabelle Seite 94)*

◆ *Entfernen Sie hohe, glattwandige Gefäße, aus denen ein unbeachtet hineingefallener Hamster nicht herausklettern könnte (Eimer, Bodenvasen usw.)*

◆ *Verschließen Sie alle Spalten (z.B. hinter Möbeln) und mögliche Schlupflöcher. Merke: Wo der Hamsterkopf durchpaßt, paßt der Körper auch durch!*

◆ *Schließen Sie alle Türen und Fenster*

◆ *Schließen Sie alle Schubladen und Schranktüren, damit sich der Hamster nicht verstecken kann und dann versehentlich eingeschlossen wird*

◆ *Entfernen Sie eventuell konkurrierende Heimtiere, die den Hamster jagen oder verletzen könnten (Hund, Katze, Großpapagei), und bringen Sie kleine Tiere, die wiederum vom Hamster belästigt werden können (Zwerghamster, Rennmaus, Farbmaus etc.) in Sicherheit*

◆ *Bewegen Sie sich innerhalb des Raumes vorsichtig, um nicht auf das Tier zu treten; setzen Sie sich nicht hin, bevor Sie nicht die Sitzfläche kontrolliert haben; lassen Sie beim Betreten oder Verlassen des Raumes größte Vorsicht walten, um den Hamster nicht beim Öffnen oder Schließen der Tür zu verletzen*

◆ *Lassen Sie den Hamster auch in vermeintlich „hamstersicheren" Räumen nie unbeaufsichtigt! Als äußerst findiges und unternehmungslustiges Tier entdeckt er Gefahrenquellen, an die man als Mensch nicht sofort denkt*

Das kann tödlich enden!

93

Giftige Zimmerpflanzen

Viele Topfpflanzen enthalten giftige oder schleimhautreizende Stoffe, unter anderem ein großer Teil der beliebtesten Zimmerpflanzen. Zu nennen sind vor allem:

Aronstabgewächse,
z.B. Baumfreund (Philodendron), Fensterblatt (Monstera),
Dieffenbachie (Dieffenbachia), Flamingoblume (Anthurium),
Efeutute (Scindapsus bzw. Epiprem- Kolbenfaden (Aglaonema),
num oder Rhapidophora), Purpurtute (Syngonium),
Einblatt (Spatiphyllum), Zimmerkalla (Zantedeschia)

Araliengewächse,
z.B. Aralie (Fatsia), Fingeraralie (Dizygotheca)
Efeu (Hedera), Schefflera (Schefflera)
Efeuaralie (Fatshedera),

Wolfsmilchgewächse,
z.B. Christusdorn (Euphorbia milli), Weihnachtsstern
Kroton (= Wunderbaum, Codiaeum), (Euphorbia pulcherrima)

Gummibäume,
z.B. Birkenfeige (= „Benjamin", Gummibaum (Ficus elastica)
Ficus benjamina),

alle Farne

Außerdem:

Agave (Agave),
Aloe (Aloe),
Alpenveilchen (Cyclamen),
Azalee (Rhododendron),
Bogenhanf (= Schwiegermutter-
   zunge, Sanseveria),
Chrysantheme (Chrysanthemum,
   auch als „Winteraster" bekannt),
Clivie (Clivia),

Engelstrompete (= Stechapfel,
   Datura bzw. Brugmansia),
Eisenkraut (Verbena),
Geranie (Pelargonium),
Hortensie (Hydrangea),
Madagaskarpalme (Pachypodium),
Oleander (Nerium),
Passionsblume (Passiflora),
Porzellanblume (Hoya),
Wandelröschen (Lantana)

Giftige Gartenpflanzen

Auch hier kann es zu Vergiftungen kommen, wenn der Hamster im Haus einen Gartenblumenstrauß oder ein Gesteck erreichen kann. Neben den schon für das Zimmer erwähnten Arten, die Verwandte im Freiland haben (z.B. Efeu oder Azalee), gehören zu diesem Gefahrenkreis z.B.:

Blauregen (= Glyzine, Wisteria),
Buchsbaum (Buxus),
Goldregen (Laburnum),
Lebensbaum (Thuja),
Liguster (Ligustrum),
Lupine (Lupinus),
Mistel (Viscum),
Riesenbärenklau (= Herkulesstaude,
   Heracleum mantegazzianum),

Rittersporn (Delphinium),
Stechpalme (Ilex),
Ziertabak (Nicotiana),

dazu alle Wolfsmilch-Arten
   (Euphorbia) und Farne sowie
   sehr viele Zwiebelgewächse
   (z.B. Narzissen, Herbstzeitlose,
   Kaiserkronen, Hyazinthen)

Ob ich da wohl rauskomme?

Der erste Schritt in die Freiheit ist geschafft!

Spurlos verschwunden?

Auch bei größter Vorsicht kann es passieren, daß sich der Hamster einmal selbständig macht; sei es, daß er aus seinem Käfig ausbricht, sei es, daß er beim Auslauf einen unbewachten Moment nutzt.

Bei der Suche nach dem Hamster müssen Sie sehr vorsichtig vorgehen, da Sie ihn sonst unversehens verletzen oder sogar töten können, und Sie müssen sehr gründlich nachsehen, damit Sie ihn auch wirklich wieder finden:

◆ Ist der Hamster gerade erst verschwunden, bewegen Sie sich vorsichtig, um ihn nicht versehentlich zu treten.

◆ Suchen Sie als erstes mit der Taschenlampe alle Spalten ab. Hamster meiden meistens freie Flächen, sie lau-

fen am liebsten an der Wand oder an den Möbeln entlang, also werden sie sich auch bevorzugt dort verstecken.

◆ Ist er in der Nacht aus seinem Käfig ausgebüxt, werden Sie sein Fehlen normalerweise erst am Morgen bemerken, dann aber schläft der kleine Ausreißer in irgendeinem Versteck.

◆ Falls der Hamster in nur *einem* Raum sein kann, schließen Sie Türen und Fenster sorgfältig, und suchen Sie das Zimmer systematisch ab.

◆ Achten Sie auf offene Schranktüren oder Schubladen – sie ziehen Hamster magisch an.

◆ Kontrollieren Sie Vasen, in die der kleine Nager eventuell gefallen sein könnte.

◆ Drehen Sie Polstermöbel vorsichtig um, denn manche haben auf der Unterseite verlockende Öffnungen.

Vorsicht, Absturzgefahr!

So, jetzt wollen wir uns mal die Welt draußen betrachten

♦ Werfen Sie einen Blick auf die Gardinen – ein Hamster kann daran bis unter die Gardinenleiste emporklettern, wenn er sich verfolgt wähnt!
♦ Wenn Sie Möbel von der Wand rücken müssen, denken Sie daran, daß Sie den kleinen Nager beim Verkanten oder Kippen einklemmen können.
♦ Hält sich der Hamster eindeutig in einem bestimmten Teil des Raumes auf, riegeln Sie diesen mit Brettern, Tabletts, Kisten oder anderen Hilfsmitteln so ab, daß der Ausreißer die Ecke nicht mehr verlassen kann.

Schwieriger gestaltet sich die Suche, wenn der Aufenthaltsort des Flüchtlings unbekannt ist. Doch seien Sie unbesorgt: Verhungern wird der Hamster kaum, auch wenn er mehrere Tage frei herumläuft. Es ist erstaunlich,

wie viele Dinge in einem menschlichen Haushalt einem kleinen Nager als Nahrung dienen können! Nehmen Sie sich also ruhig Zeit bei der Suche. Sobald Sie herausbekommen haben, in welchem Raum sich der kleine Ausreißer versteckt, gehen Sie wie oben beschrieben vor. Stellen Sie aber nicht den offenen Käfig auf, wenn Sie ihn nicht ständig beobachten können!

Unser Tip:

Ist der Hamster nicht zum Verlassen seines Verstecks zu bewegen, so stellen Sie den Käfig davor. Der Geruch des vertrauten Heimes wird auf den Ausbrecher verführerisch wirken und ihn bald hervorlocken.

Sonst kann es passieren, daß der Hamster regelrecht umzieht, indem er Nistmaterial und sogar Futtervorräte aus dem Käfig holt und sich andernorts häuslich niederläßt.

Entkommene Hamster haben schon Schaden angerichtet, indem sie in Schränke oder Schubladen und in Akten- und Bücherschränke eingedrungen sind und sich aus dem vorhandenen Material Nester gebaut haben. Sichern Sie also derartige Dinge, wenn Sie nicht genau wissen, wo der Hamster ist.

Schafft es der Hamster, ins Freie zu entkommen, oder entläuft er Ihren Kindern im Garten, ist leider meistens jede Suche erfolglos. Zu viele Versteckmöglichkeiten gibt es dort, außerdem kann er sich innerhalb weniger Minuten völlig eingraben oder in einem

Aus einer höheren Vase kann sich ein hineingefallener Hamster nicht befreien – also Vorsicht vor derartigen Fallen

Wühlmaus- oder Maulwurfsgang verschwinden.

Übrigens: Auch wenn Ihr Hamster es gelernt hat, auf seinen Namen zu hören (die wenigsten lernen das), nützt das Rufen wenig, egal ob drinnen oder draußen. Der Hamster ist in einer Mischung aus Angst vor der fremden Umgebung und Neugier wegen der vielen neuen Eindrücke so mit sich und seinem Erleben beschäftigt, daß er Ihre Rufe gar nicht hört.

Wichtig: Wenn Sie Ihren kleinen Hausgenossen wieder glücklich zurückbekommen haben, dürfen Sie ihn auf keinen Fall bestrafen, das würde er nicht verstehen. Er ist schließlich nur seinem Naturell gefolgt. Der Fehler liegt bei Ihnen, denn Sie waren unaufmerksam!

Unser Tip:

Legen Sie bei geschlossenen Türen über Nacht in jedem Raum ein Stück Apfel an eine Wand. Am nächsten Morgen können Sie feststellen, welches Stück angenagt oder verschwunden ist. Das zeigt, in welchem Zimmer der Hamster sich befindet.

Urlaubstips

Wenn der Hamster
zu Hause bleibt

Um es vorwegzunehmen: Sie tun dem Hamster keinen Gefallen, wenn Sie ihn mit in den Urlaub nehmen: „Erholen" kann sich ein Tier nämlich nur in heimischer Umgebung, und die hört nicht am Käfiggitter auf! Im Idealfall sollte der Hamster daher in der Wohnung bleiben und von einer Pflegeperson betreut werden. Da er ein sehr

pflegeleichtes Heimtier ist, dauert seine Versorgung ja nicht lange. Oftmals findet sich aber leider kein guter Geist, der diese Aufgabe übernimmt. Viele Nachbarn gießen lieber dreimal wöchentlich 50 Zimmerpflanzen, ehe sie sich nur um ein einziges Tier kümmern. Man muß das allerdings auch verstehen: Stirbt das Tier in dieser Zeit, wird sofort die pflegende Person eines Fehlers verdächtigt. Von einer eingegangenen Pflanze macht man nicht soviel Aufhebens.

99

Können Sie Ihren Hausgenossen nicht in den Urlaub mitnehmen und haben sie niemanden, der sich um ihn kümmern könnte, fragen Sie in Zoohandlungen oder im Tierheim nach einer Urlaubspension. Die Kosten hierfür sind niedrig.

Wichtig: Kommen Sie bloß nicht auf die Idee, den Hamster auszusetzen und sich nach dem Urlaub einen neuen zu kaufen! Das bedeutet den sicheren Tod Ihres Heimtieres und zeugt von erheblicher Gedankenlosigkeit.

Wenn Sie nur über das Wochenende wegfahren wollen, können Sie den Hamster ruhig für 2 oder 3 Tage allein lassen. Geben Sie ihm reichlich Futter und ein großes Gemüsestück, das genügend Feuchtigkeit enthält und nicht schnell verdirbt, z.B. eine halbe Steckrübe. Zur Not tut es auch etwas Trinkwasser, doch ist das schon nach 1 Tag abgestanden. Daß die Klo-Ecke dann einmal 3 Tage nicht gesäubert wird, stört den Hamster nicht so sehr.

Mit dem Hamster verreisen
Hier gibt es einiges zu beachten:
♦ Dürfen Sie den Hamster ins Ausland überhaupt mitnehmen?
♦ Egal ob In- oder Ausland, fragen Sie unbedingt im Hotel oder in der

Pension an, ob ein Hamster geduldet wird, sonst kann es später Ärger geben.
♦ Nehmen Sie das Tier auf jeden Fall in seinem gewohnten Käfig mit.
♦ Entfernen Sie für die Fahrt Futter- und Wassergefäß; der Hamster wäre wegen des Geruckels ohnehin nicht daran interessiert. Bei jeder Pause sollten Sie aber testen, ob er vielleicht Hunger oder Durst hat.

Wichtig: Der Hamsterkäfig darf auch im Auto weder direkte Sonne noch Zugluft abbekommen! Wenn Sie Ihr Ziel erreicht haben, lassen Sie den Hamster 1 Tag lang völlig in Ruhe. Er muß erst seine neue Umgebung kennenlernen. Auch nach der Rückkehr sollten Sie ihm 1 Tag Pause gönnen.

Unser Tip:

Lebt Ihr Tier in einem Terrarium, dessen Transport ja relativ problematisch ist, sollten Sie sich 2 Wochen vor dem Urlaub einen Gitterkäfig besorgen und den Hamster umsetzen. Wenn Sie dann abfahren, hat er sich umgewöhnt. Für 3 bis 4 Wochen schadet ihm eine kleinere Behausung als gewohnt nicht.

So sieht ein kerngesunder Goldhamster aus

Der kranke Hamster

Es gibt Hamsterbücher, in denen das Kapitel über die Krankheiten länger ist als das über Haltung und Fütterung. Das erweckt den Eindruck, als müßte man bei der Hamsterpflege pausenlos Krankheiten bekämpfen. Das stimmt natürlich nicht! Krankheiten entstehen hauptsächlich durch Haltungsfehler, vor allem durch falsche oder einseitige Ernährung. Daher sollte man diesen Themen weitaus mehr Platz widmen. Denn gerade für so kleine Tiere wie Hamster gilt der Grundsatz: Vorbeugen ist besser als heilen.

Ein weiterer Faktor, der die Anfälligkeit für Krankheiten steigert, ist Streß. Dieser ist nicht nur unter berufstätigen Menschen weit verbreitet, sondern stellt neben der schon erwähnten falschen Ernährung die wohl häufigste Todesursache bei Hamstern dar! Streß kann auf unterschiedlichste Weise ausgelöst werden:

◆ durch Zusammensetzen mit einem oder mehreren anderen Hamstern
◆ durch übermäßigen Lärm (auch Stereoanlagen!)
◆ durch Jagen beim Einfangen
◆ durch häufiges Wecken am Tage
◆ durch spielende Kinder!

Wichtig: Auch wenn man den Hamster zum xten Mal ins Spielzeugauto setzt, wo er partout nicht sitzen bleiben will, ist das Streß. So grob es jetzt klingt: Einige Bisse zur rechten Zeit haben noch keinem Kind geschadet. Nur so lernt es, daß der Hamster keine Sache ist, sondern ein lebendiges Wesen.

Wenn Sie also den Hamster richtig ernähren, darauf achten, daß er keinem Streß ausgesetzt ist, und Verletzungen beim Freilauf (siehe Seite 91 f.) ausschließen, werden Sie vermutlich keine Gesundheitsprobleme mit ihm haben.
Sobald Sie allerdings glauben, Ihr Hamster sei krank, doktern Sie nicht an ihm herum, sondern gehen Sie zum Tierarzt.
Leider raten viele Tierärzte bei einem kranken Hamster nur noch, ihn einschläfern zu lassen. Fragen Sie notfalls mehrere Ärzte, vielleicht hilft einer davon doch. Natürlich können die Arztkosten weit höher sein als der Kaufpreis des Tieres, deswegen sollte man es aber nicht gleich töten lassen. Drei Packungen Hamsterfutter sind ja auch teurer als der Hamster selbst, aber würde Sie das davon abhalten, zu füttern?

Wichtig: Für alle Krankheiten oder Verletzungen gilt: Lassen Sie den Hamster ganz in Ruhe und bringen Sie ihn umgehend (am besten in seinem Schlafhäuschen) zum Tierarzt.

Hamster können Hirnhautentzündung übertragen

Dieser Fall tritt zwar nur selten ein, soll aber doch erwähnt werden. Die Hirnhautentzündung (Meningitis, LCM) kann auf Menschen übertragen werden und bei Schwangeren zu Mißbildungen am Ungeborenen führen. An LCM erkrankte Goldhamster (von Zwerghamstern kenne ich keine LCM-Fälle) zeigen kaum Krankheitssymptome und haben die Infektion nach spätestens 3 Monaten überstanden. Zoohandlungen beziehen ihre Goldhamster gewöhnlich aus LCM-freien Großzuchten.

Wichtig: Um jedes Restrisiko auszuschließen, sollten Sie sich einen Goldhamster anschaffen, der nicht jünger als 3 Monate ist, und während einer Schwangerschaft in Ihrer Familie auf eine Neuanschaffung verzichten. Lebt ein Goldhamster bei Schwangerschaftsbeginn schon länger als 3 Monate bei Ihnen, besteht keine Gefahr!

Checkliste **Gesundheit**

Gesunde Hamster erkennen Sie an:	Kranke Hamster erkennen Sie an:	Greisenhafte Hamster erkennen Sie an:
◆ klaren, glänzenden Augen ohne Ausfluß	◆ trüben, oft nicht völlig geöffneten Augen, evtl. mit Ausfluß oder Rötungen	◆ weißlichen Augen (Blindheit)
◆ sauberer Nase	◆ Nasenausfluß, Niesen, Schniefen oder Keuchen	
◆ sauberem Fell ohne Kahlstellen; bei normalhaarigen Goldhamstern sollte das Fell glänzen	◆ extrem struppigem Fell, evtl. mit kahlen und/oder schorfigen Hautpartien; bei Hautparasitenbefall neben kahlen Stellen auch auffällig häufigem Kratzen und Beknabbern	◆ schütterem Fell
	◆ kotverschmutzter Afterumgebung (Durchfall)	
	◆ unbeholfenen, stakeligen bis taumelnden Bewegungen	◆ steifen Beinen und mühsamen Bewegungen
	◆ apathischem Verhalten	
◆ schnellen Reaktionen	◆ langsamen, kraftlosen Reaktionen	
◆ noch nicht zahme Hamster versuchen sich gegen das Herausgefangenwerden zu wehren		
	◆ hochgewölbtem, beim Laufen steifem Rücken	◆ steifem Rücken

Nachwuchs erwünscht

Voraussetzungen für die Hamsterzucht

Hamster sind zwar sehr fruchtbar und vermehren sich auch in Gefangenschaft problemlos. Trotzdem sollten gewisse Bedingungen gegeben sein, damit sowohl Sie als auch die Tiere Freude an der Familiengründung haben.

Genügend Platz haben

Bei Goldhamstern können die wenigsten Paare ständig zusammenbleiben, meistens beißt das Weibchen das Männchen direkt nach der Paarung, spätestens aber vor der Geburt weg. Sie kann es bei fehlender Fluchtmöglichkeit sogar töten. (Bei Zwerghamstern gibt es diese Probleme selten, meistens kann der Vater bei der Familie bleiben.) Zur Goldhamsterzucht benötigen Sie also zwei Käfige für die Elterntiere und einen weiteren für die heranwachsenden Jungen. Falls Sie nämlich nicht für alle Jungtiere sofort Abnehmer finden, müssen Sie sie ebenfalls unterbringen können, und zwar nicht in einem provisorischen Verhau, sondern genauso gut wie die Alttiere!

Geruchsbelästigung in Kauf nehmen

Da man während der ersten beiden Lebenswochen der Junghamster auf eine Käfigreinigung verzichten sollte, um das Weibchen nicht zu beunruhigen, kommt es zu einer gewissen Geruchsbelästigung bei der Goldhamsterzucht.

Und wenn die Jungen dann das Nest verlassen, benutzen sie die Klo-Ecke ihrer Mutter mit. Der Milchkot riecht aber etwas stärker, so daß der Käfig schneller „mieft". (Bei Zwerghamstern tritt dieses Problem kaum auf.)

Mehrarbeit akzeptieren

Eine Hamsterfamilie verlangt natürlich einen größeren Pflegeaufwand als ein einzelnes Tier. Bei Goldhamstern sind es nun wenigstens zwei Käfige (für Vater und Mutterfamilie), die gereinigt und versorgt werden müssen. Mehr Futter muß gekauft werden, und wenn die Kleinen nicht gleich Abnehmer finden, wollen sie auch untergebracht und beschäftigt werden. Auch hier machen Zwerghamster wegen ihrer überwiegend familiären Lebensweise weniger Probleme.

Rücksicht nehmen

Schon mancher Hamsterwurf ist nach einer ungeschickten Nestkontrolle von seiner verschreckten Mutter aufgefressen worden. Vorsichtige Nestkontrollen sind nur möglich, wenn der Schlafkasten ein aufklappbares Dach hat und das Muttertier außerhalb des Nestes beschäftigt ist.

Wenn der Hamster Ihrer Kinder Junge hat, sollten Sie den Käfig außerhalb der Reichweite Ihrer Sprößlinge aufstellen. Zu verlockend ist es nämlich für sie, nicht nur selbst hineinzusehen, sondern auch den Freunden aus der Nachbarschaft die Hamsterbabys zu zeigen. Dadurch aber wird das Muttertier so beunruhigt, daß es seine Kleinen verlassen oder sogar auffressen kann. Falls Sie kein Zimmer zur Verfügung haben, das Sie abschließen können, so daß Ihren Kindern der Zugang zum Käfig verwehrt ist, stellen Sie die Hamsterbehausung erhöht auf, und nehmen Sie sie nur einmal täglich zur Fütterung herunter.

Wichtig: Achten Sie darauf, daß die Kinder nicht durch Klettern auf ein benachbartes Möbelstück doch noch an den Käfig herankommen können. Dabei sind nämlich nicht nur Hamsterkäfige, sondern auch schon Kinder abgestürzt!

Auch das zahmste und spielfreudigste Hamsterweibchen ist während der gesamten Säugezeit, die etwa 3 Wochen dauert, nicht an „Beschäftigung" interessiert. Selbst das sonst so beliebte Laufrad wird in dieser Zeit kaum benutzt. Auslauf außerhalb des Käfigs bedeutet für die Hamstermutter sogar Streß, weil der Geruchskontakt zu den Jungtieren dabei abreißt. Um erfolgreich zu züchten, muß man also soviel Selbstdisziplin aufbringen, daß man Mutter und Kinder in den ersten 3 Wochen weitgehend in Ruhe läßt und das Treiben nur beobachtet.

Weitergabe der Jungtiere geklärt haben

Hamster wachsen schnell heran, so daß man sich von vornherein Gedanken über die Unterbringung der Jungtiere machen muß. Wenn die Zoohandlungen in Ihrer Umgebung überquellen vor Hamstern, hat die Zucht keinen Sinn. Fragen Sie Zoohändler und Bekannte auf alle Fälle vorher nach der Bereitschaft, Junghamster abzunehmen.

Die Hamsterhochzeit

Das „Kennenlernen"
Erinnern wir uns daran, daß bei den Hamstern die Weibchen stärker ihr Revier verteidigen als die Männchen. Aus diesem Grund dürfen wir nicht einfach den „Ehemann in spe" in den Käfig der Hamsterdame setzen, sie würde ihn verjagen, verletzen oder sogar töten. Richtig ist es, die streitbare Hamsterin in die Unterkunft des Männchens zu setzen und sie gut zu beobachten.

Wichtig: Bei Anzeichen eines ernsthaften Streites (die Tiere bewegen sich zuerst quasi in „Zeitlupe" und dann plötzlich hektisch umeinander herum) müssen die beiden Hamster sofort getrennt werden!

Geben sich die Hamster ruhig und gelassen, interessieren sie sich füreinander, dann haben wir gute Chancen. Manchmal aber kommt es erst nach 10 oder mehr Minuten plötzlich zu einem Kampf. Bleiben Sie also lange genug auf der Hut!

Unser Tip:

Am günstigsten ist es, wenn Sie die Hamster in den Abendstunden, wenn beide wach sind, miteinander bekannt machen. Seien Sie aber darauf vorbereitet, daß Sie das Zusammensetzen an mehreren Abenden hintereinander probieren müssen.

Reicher Kindersegen: Alle diese Jungtiere müssen Sie später gut unterbringen können!

Noch ist der Hamstermann skeptisch (links), doch bald beschnuppert er den „Personalausweis" – die Flankendrüsen – des paarungsbereiten Weibchens (rechts)

Sinnvoll ist es, wenn Sie die beiden zur Zeit der Paarungsbereitschaft des Weibchens, die im Abstand von 4 bis 6 Tagen regelmäßig auftritt, zusammenbringen. (Bei Zwerghamstern ist sie nicht eindeutig zu erkennen, hier muß man experimentieren und die Entscheidung den Partnern überlassen.) Bei Goldhamstern läßt sich die „Hitze" des Weibchens leicht feststellen. Wenn Sie das Tier am Rücken streicheln oder am Hinterteil berühren, wird es stocksteif, stellt die Hinterbeine weit auseinander und reckt den Schwanz senkrecht hoch, wobei der Rücken durchgebogen wird. Das ist die Aufforderung zur Paarung. Läßt man nun das Männchen dazu, wird es sich sofort für dieses Weibchen interessieren. Übrigens sondert das Weibchen während der Hitze einen Sexuallockstoff ab, den auch menschliche Nasen riechen.

Die Paarung

Der Paarung von *Goldhamstern* geht in der Regel ein Werbeverhalten voraus, das einem spielerischen Kampf ähnelt. Dabei kommt es zu Verfolgungsjagden und Balgereien. Schließlich beriechen und belecken sich die Hamster gegenseitig die Genitalien, woraufhin dann bald die Paarung erfolgt. Dabei nimmt das Goldhamster-Weibchen die oben beschriebene Haltung ein, und das Männchen reitet auf. Nach der Paarung säubern beide Tiere ihre Genitalien.

Im Laufe der Zeit kommt es zu einer ganzen Reihe von Paarungen, bis die Bereitschaft des Weibchens nachläßt und es den Partner abwehrt. Beobachten Sie die Tiere genau, um zu sehen, ob Sie das Männchen jetzt abtrennen müssen. Manchmal duldet das Weibchen es noch, bis es zwei Drittel der

Tragzeit hinter sich hat, manchmal sogar bis zum Werfen.

Auch *Zwerghamster* kennen spielerische Jagden und Balgereien im Paarungsvorspiel, doch läuft bei ihnen alles quasi im „Zeitraffertempo" ab. Die Initiative geht dabei regelmäßig vom Männchen aus, das buchstäblich in Hektik verfällt, wenn es die beginnende Hitze des Weibchens bemerkt. Anfangs läßt sich das Weibchen noch nicht decken, ja es versucht sogar, das Männchen abzuwehren, indem es das Hinterteil auf den Boden preßt. Der auf diese Weise abgewiesene „Ehemann" versucht aber mit allen Tricks, die spröde Dame umzustimmen. Er beleckt sie, klettert über sie hinweg, versucht, sich unter sie zu graben, und fährt mit der Nase unter ihr Hinterteil, um es hochzudrücken. Dabei geht er nicht unbedingt sanft mit der Dame seines Herzens um, manchmal schleudert er sie sogar regelrecht hoch! Das Weibchen läßt aber alles mit einer wahren Engelsgeduld über sich ergehen.

Schließlich läßt sie ihren stürmischen Liebhaber zum Ziel kommen. Dabei denkt sie aber keineswegs daran, ihm die Paarung durch eine bestimmte Körperhaltung zu erleichtern, wie es ein Goldhamster-Weibchen tut. Die eigentliche Paarung wirkt daher auf nicht

Ein letztes Mal prüft das Männchen, ob das Weibchen wirklich paarungsbereit ist ...

... , und dann werden kleine Hamster gemacht!

eingeweihte Beobachter fast wie eine Vergewaltigung, aber das sieht nur so aus.

Auch Zwerghamster belecken sich nach der Begattung die Genitalien, wobei sie vor lauter Eifer oft vornüber purzeln. Ihre Paarungen folgen manchmal im Abstand von Sekunden nacheinander.

Praktisch alle Dsungarischen, Campbell- und Roborowski-Zwerghamster, die heute angeboten werden, stammen aus Paar- bzw. Familienzuchten, in denen das Männchen ständig beim Weibchen bleiben kann. Lediglich beim Chinesischen Streifenhamster kommen auch noch Nachzuchten aus unverträglichen Zuchtlinien in den Handel, daneben aber in zunehmendem Maße auch Jungtiere aus Koloniezuchten.

Unser Tip:

Falls Sie die genaue Herkunft Ihrer Streifenhamster nicht kennen, beobachten Sie Ihr Paar eine Weile; vielleicht müssen Sie das Männchen doch abtrennen.

Die Kinderstube

So werden Hamsterchen geboren
Kurz vor der Geburt zieht sich das trächtige Weibchen in das dann schon besonders sorgfältig ausgepolsterte Nest zurück. Geburtsschwierigkeiten brauchen Sie nicht zu befürchten, denn die Neugeborenen sind sehr klein und verursachen keine schwere Geburt. Das gebärende Weibchen sitzt

auf dem Hinterrücken und beleckt ständig seine Genitalien, die Jungtiere gleiten also nach vorn aus dem Mutterleib. Sie werden oft schon abgenabelt, bevor sie diesen ganz verlassen haben; die Nachgeburt folgt dann. Jedes der nackten und blinden Neugeborenen wird sorgfältig trockengeleckt. Das Ablecken dient dabei nicht nur der Säuberung, es festigt auch die Mutter-Kind-Bindung und bringt vor allem die Durchblutung des Jungen in Gang.

Wichtig: Unterbleibt das Belecken durch die Mutter, kann das Neugeborene nicht überleben!

Totgeborene Junge werden verzehrt, um das Nest nicht zu verseuchen. Auch die Nachgeburt wird aufgefressen, was sehr wichtig ist, denn die in ihr enthaltenen Hormone regen den Milchfluß an.

Die erste Zeit nach der Geburt
Erst wenn alle Jungtiere zur Welt gekommen sind, macht das Muttertier eine „Ganzwäsche" und reinigt das Nest von allen Blutresten. Danach bekommen die Neugeborenen ihre erste Milchmahlzeit. Säugende Hamsterweibchen liegen oder sitzen auf den Jungen und nicht vor ihnen wie z.B. Hunde und Katzen.

In der ersten Lebenswoche dient den Hamsterwelpen ihr unbehaarter Bauch als Temperaturfühler: wo es warm ist, ist Mutters Bauch mit den lebensspendenden Zitzen. Erst später verfeinern sich Geruchssinn und Gehör und dienen der Ortung des Muttertieres.

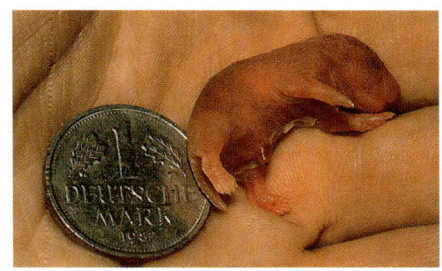

Die Hamsterkinder wachsen heran

Die Kleinen wachsen sehr schnell. Am dritten Tag ist schon die Pigmentierung der Rückenhaut deutlich zu sehen, bei Streifen-, Dsungarischen und Campbell-Zwerghamstern auch der kennzeichnende Rückenstreifen. Am fünften Tag bedeckt zarter Flaum den Körper und wird schon in den nächsten beiden Tagen zu einem dichten Fell; der Bauch bleibt etwas länger unbehaart. Bei weiblichen Jungtieren sind nach 8 Tagen bereits die Zitzen zu erkennen. Die Bewegungen der Welpen werden jetzt immer zielgerichteter und sicherer, und mit rund 12 Tagen verlassen sie erstmals selbständig das Nest. Dabei sind ihre Augen meistens noch geschlossen, sie öffnen sich erst 1 bis 2 Tage später. Von da an werden die Hamsterjungen immer unternehmungslustiger. Sie spielen viel miteinander und können sich jetzt auch schon allein sauberhalten, auch das „Klo" der Eltern wird nun mitbenutzt.

Hamsterwelpen wachsen schnell heran. Die Fotos zeigen sie als Neugeborenes (oben), 10 (Mitte) und 20 Tage alt (unten)

111

Nanu, das sind doch meine?

Na dann, ab nach Hause!

Der Futternapf muß natürlich auch für die Jungtiere gut erreichbar sein, darf also nicht etwa auf dem Schlafhäuschen postiert sein, wo ihn nur erwachsene Goldhamster problemlos erreichen können. Sichern Sie den Napf aber unbedingt gegen Unterwühlen, damit neugierige Junghamster nicht womöglich erdrückt werden (siehe Seite 73).

Kurz vor Ende der Säugezeit beginnt das sogenannte Flohalter, in dem die Jungen plötzlich umherhüpfen und schwierig zu bändigen sind. Diese Periode dauert zwischen 1 und 2 Wochen.

Im Alter von 3 Wochen werden die nun schon kräftig herangewachsenen Hamster-„Teenager" entwöhnt. Normalerweise dürfen sie noch eine Weile bei der Mutter bleiben, doch zerstreuen sie sich unter natürlichen Bedingungen bald in alle Winde. In menschlicher Pflege heißt das dann bei den unverträglichen Goldhamstern, daß man die „Halbstarken" abtrennen muß, bevor sie von ihrer Mutter, die jetzt wieder allein sein möchte, weggebissen werden. Manchmal kann man aber auch ein weibliches Jungtier bei der Mutter lassen. Zwerghamster sind eher zur Bildung von Familiengruppen bereit.

„Ausgewachsen" sind Hamster im Alter von rund 3 Monaten. In Anführungszeichen setze ich es deswegen, weil manche (namentlich Zwerghamster) noch bis an ihr Lebensende langsam weiterwachsen können; eine Eigenschaft, die sie mit ihren Verwandten, den Wühlmäusen, gemeinsam haben.

Liebhaber gesucht

Hamster können Sie auf die gleiche Weise abgeben, wie Sie sie erwerben können: über Zoohandlungen und Zeitungsinserate sowie natürlich an Privatleute aus dem Bekanntenkreis. Nicht alle Zoohändler nehmen Nachzuchten von Privat. Manche haben schlechte Erfahrungen gemacht, weil ihnen kranke Tiere angedreht wurden. Haben Sie deshalb Verständnis, wenn Ihr Zoohändler einen Ankauf ablehnt. Ist er aber bereit dazu, möchte er natürlich die Hamster auch sehen. Bringen Sie sie also mit in die Zoohandlung. Ob Sie für die Hamster Geld oder Naturalien bekommen (z.B. Hamsterfutter), ist von Händler zu Händler unterschiedlich.

Für Zeitungsinserate möchte ich Ihnen einen guten Tip geben. Schreiben Sie nicht einfach „Hamster abzugeben".

Für Zwerghamster finden Sie meistens schnell Zoohandlungen als Abnehmer

Geben Sie die Anzeige schon auf, wenn die Tiere 2 Wochen alt sind, etwa mit dem Wortlaut:

„In 2 Wochen sind nestjunge Hamster abzugeben. Besichtigung schon jetzt möglich!"

Auf diese Anzeige reagieren mit Sicherheit mehr Interessenten! Auch Ihre Bekannten können Sie schon frühzeitig ansprechen. Seltene Farbschläge bei Goldhamstern und alle Zwerghamster finden oft auch überregional Abnehmer. Anzeigen können Sie in Tierzeitschriften setzen, besonders in die schon erwähnte „Geflügelbörse".

Unser Tip:

Sie sollten die Hamster im Alter von 4 Wochen abgeben, denn sonst laufen Sie Gefahr, daß sich die dann geschlechtsreif werdenden Jungen paaren und gleich weitervermehren.

Wichtig: Keine Lösung ist natürlich, die Junghamster einfach irgendwo freizulassen. Ich habe es schon in anderen Kapiteln erwähnt, doch kann man gar nicht oft genug darauf hinweisen! Es gibt immer wieder Tierquäler, die ihre Hamster aussetzen und damit das sichere Todesurteil über ihre angeblichen Lieblinge fällen. Die sogenannte goldene Freiheit ist für die Tiere nur im menschlichen Wunschdenken „golden".

Hamsterzucht in Stichworten

Paarweise Haltung?
Bei harmonierenden Zwerghamsterpaaren kann das Männchen auch während Geburt und Aufzucht bei dem Weibchen bleiben.
Bei streitlustigen Zwerg- und allen Goldhamsterpaaren sollte es spätestens vor der Geburt abgetrennt werden, und zwar nicht nur durch einen Gitterschieber! Auch die geruchliche Nähe des Männchens bewirkt nämlich ständige Verteidigungsbereitschaft und verursacht somit auf Dauer Streß, den das Weibchen mit Unruhe und schließlich mit dem Verlassen oder gar Töten der Jungtiere beantwortet. Trotz aller Zuchtversuche in dieser Richtung sind

allzeit verträgliche Goldhamsterpaare (noch) äußerst selten!
Zwei aneinander gewöhnte Weibchen können dagegen bei allen Arten normalerweise auch zusammenbleiben, wenn eines oder gar beide Junge bekommen. Im Notfall sollte aber immer ein zweiter Käfig bereitstehen! Wie ich vorher schon erwähnt habe, hielt ich Campbell-Zwerghamster regelmäßig in ständig zusammenlebenden Gruppen, in denen die Weibchen auch gemeinsam die Jungen aufzogen. Derart problemlos klappt es bei Gruppenhaltung der anderen Hamsterarten nicht bzw. nur in seltenen Ausnahmen, weswegen ich bei den übrigen Zwerghamsterarten die Haltung in Paaren empfehle. Streifenhamster neigen dabei am ehesten zur Unverträglichkeit und müssen eventuell ähnlich wie Goldhamster behandelt werden, falls Sie nicht Tiere aus einem friedlichen Zuchtstamm bekommen konnten.

Säugezeit
Junge Hamster bekommen 3 Wochen lang Muttermilch, fangen aber schon mit 2 Wochen an, feste Nahrung zu fressen.

Absetzen von der Mutter
Mit dem Ende der Säugezeit (nach etwa 3 Wochen), die sich bei extrem

Tragezeiten und Wurfgrößen		
Hamsterart	Trächtigkeit in Tagen	Durchschnittliche Welpenzahl pro Wurf
Goldhamster	16–19	6–8
Chinesischer Streifenhamster	20–22	5–7
Dsungarischer Zwerghamster	19–22	4–7
Campbell-Zwerghamster	17–20	4–6
Roborowski-Zwerghamster	19–22	3–5

großen Würfen auch durchaus verlängern kann, kann man die Jungen von der Mutter trennen. Ich ziehe es jedoch vor, sie noch 1 Woche länger bei ihrer Mutter zu lassen.

Entwickung der Jungtiere
Je nach Größe des Wurfes entwickeln sich die Welpen. Junge eines Zwillingswurfes wachsen natürlicherweise schneller als Achtlinge. So hatte ich z.B. zwei Würfe Dsungarischer Zwerghamster, die im Abstand eines Tages zur Welt kamen, einer mit zwei und einer mit sieben Jungen. Die Junghamster des ersten Wurfes waren nach 16 Tagen doppelt so groß wie die Sie-

benlinge im gleichen Alter! Daher kann sich bei kleinen Würfen auch die Säugezeit des Weibchens verkürzen.

Ernährung der Mutter
Im Prinzip kann die Mutter die normale Futtermischung weiterhin bekommen. Allerdings muß man auf ausreichende Feuchtigkeitsversorgung des säugenden Weibchens achten, damit es genügend Milch bilden kann.

Wichtig: Das Weibchen muß während der Trage- und Säugezeit genügend tierisches Eiweiß bekommen, denn in dieser Zeit hat es einen vermehrten Bedarf. Wird der nicht gedeckt, kann es vorkommen, daß das Muttertier die Jungen auffrißt.

Wenn die Jungen mit der Aufnahme festen Futters beginnen, kann man ihnen dies zunächst durch eine reichlichere Beimengung feiner Sämereien (Wellensittichfutter) erleichtern.

Probleme bei der Hamsterzucht
Nicht immer überleben alle kleinen Hamster eines Wurfes. Das kann unterschiedliche Gründe haben:
◆ Das Weibchen wirft zum ersten Mal. Dann können die Milchdrüsen unter Umständen noch nicht richtig arbeiten, oder das Weibchen erdrückt aus Mangel an Erfahrung seine Jungen.
◆ Das Weibchen hat nicht genug Milch: dann muß man es mit mehr Flüssigkeit versorgen!

◆ Im Futter fehlt tierisches Eiweiß, das Weibchen frißt seine Jungen (oder einen Teil davon), um den Eiweißmangel auszugleichen.
◆ Die gestorbenen Jungen waren von Geburt an krank.
◆ Das Weibchen ist stark beunruhigt worden und verläßt die Jungen oder tötet sie sogar.

Daß Hamster ihre Jungen fressen, klingt grausam, hat aber einen natürlichen Sinn. Würde das Hamsterweibchen gestorbene oder getötete Junge nicht auffressen, würde der Verwesungsprozeß das ganze Nest verseuchen und der Geruch Feinde aufmerksam machen. Es ist kein Gefangenschaftsmerkmal oder gar eine Geistesstörung, auch wenn übereifrige Tierschützer das oft behaupten!

Anhang

Literaturhinweise:

Alderton, David:
Hamster und kleine Nager,
Kynos, Mürlenbach 1995

Bielfeld, Horst:
Der Goldhamster,
Ulmer, Stuttgart 1992

Evans, Mark:
Hamster,
Herold, München 1993

Flint, W. E.:
Die Zwerghamster der paläarktischen Fauna,
Neue Brehm-Bücherei, Ziemsen Verlag 1966
(nur antiquarisch erhältlich)

Frisch, Otto von:
Hamster richtig pflegen und verstehen,
Gräfe & Unzer, München 1993

Gaßner, Georg:
Hamster,
Ulmer, Stuttgart 1995

Kürschner, Michael:
Unser Hamster,
Frankch-Kosmos, Stuttgart 1992

Ovechka, Greg:
Ihr Hobby Hamster,
bede, Ruhmannsfelden 1993

Schmidt, Günter:
Hamster, Meerschweinchen, Mäuse,
Ulmer, Stuttgart 1985

Für Leser, die keine Probleme haben, die niederländische Sprache zu verstehen, empfehle ich ein hervorragendes Buch über Zwerghamster:

Dekker, Rob/Petrij, Drs. Fred:
De dwerghamster als gezelschapsdier,
Etiko 1992, ISBN 90 5266 072 7

Register

Bei mehreren Angaben verweisen **halbfette** Seitenzahlen auf eine ausführliche Erläuterung des Begriffs.

Vom selben Autor sind im FALKEN Verlag bereits erschienen:
„Alles über Chinchillas und Degus" (Nr. 1130)   „Zahme Ratten" (Nr. 1679)
„Alles über Rennmäuse" (Nr. 1318)   „Zwergkaninchen" (Nr. 1680)
„Alles über Streifenhörnchen" (Nr. 1219)

Bei diesem Buch handelt es sich um eine aktualisierte und neugestaltete Ausgabe des bereits unter
dem Titel „Alles über Zwerg- und Goldhamster" (Nr. 1012) erschienenen Buches.

Dieses Buch wurde auf chlorfrei gebleichtem und säurefreiem Papier gedruckt.

ISBN 3 8068 1734 0

© 1996/1998 by FALKEN Verlag, 65527 Niedernhausen/Ts.

Umschlaggestaltung: Peter Udo Pinzer
Layout: David Barclay, Neu-Anspach
Redaktion: Dr. Gabriele Schweickhardt
Herstellung: Petra Leupacher
Titelbild: Reinhard-Tierfoto, Heiligkreuzsteinach-Eiterbach
Umschlagrückseite: Christine Steimer, Wölfersheim
Fotos: Reinhard-Tierfoto, Heiligkreuzsteinach/Eiterbach: S. 1, 2/3, 4, 7, 29, 81, 105;
Christine Steimer, Wölfersheim: S. 5 u., 11, 16, 17, 20, 26–28, 38, 40, 42, 46, 48 o., 49 o., 51,
58, 60, 61, 64, 68, 69, 77, 78, 80, 83, 86–92, 96, 97, 107, 109, 112, 116;
alle übrigen Fotos stammen vom Autor
Zeichnungen: Andrea Salisch, Wiesbaden

Satz: FALKEN Verlag, Niedernhausen
Druck: Druckhaus Cramer, Greven

817 2635 4453 62